「交渉」が最強の武器である

伏見豊

SOGO HOREI PUBLISHING CO., LTD

はじめに

交渉と聞くと自分とは関係がないと思う方がいると思います。それは間違いです。
交渉術は誰にでも必要なもので、交渉術を身につけておくと、仕事、家庭、育児、恋愛、ご近所付き合い、友だち付き合いなどのさまざまな場面で役に立ちます。

交渉はすべての人間関係に不可欠と言っても過言ではありません。実は交渉は日常生活にあふれています。 たとえば、

- 夫に家事をもっとしてほしいとき
- 家族で外食するときに自分の好きなものを食べに行きたいとき
- 子どもにもっと勉強をしてほしいとき
- 妻にお小遣いを増やしてほしいと頼むとき

- 友だちと旅行の日程を調整するとき
- 好きな人に告白をするとき

など交渉はいろいろな場面で役に立ちます。

2人以上の人間が集まった場合、必ず交渉が必要となるのです。
実は交渉を一度もしたことがないという人はいないのです。

しかし、交渉と聞くと商談のイメージを持ってしまい「難しそう……」「自分には関係ないんじゃないか……」と連想してしまう方がほとんどです。「交渉」という言葉がほとんど仕事でしか使うことがないので、これは仕方がありません。

本書では、できるだけ日常生活で交渉術を取り入れられるよう、なるべく、わかりやすい例を挙げていきます。もちろん、実際の商談の場でも使えます。

また、**これからの時代において、交渉は必須のスキルともいえます。**

ＣｈａｔＧＰＴなどの人工知能がこれからはさらに発達していき、ほとんどのものがコンピューターや機械に代替されていくことでしょう。

その中で、私が唯一コンピューターには代わりができないと思っていることが交渉です。交渉は複数で話し合い、意思を一致させる必要があります。複数の人の意見を一致させることは、コンピューターの計算ではできません。人を動かすには、相手の心を動かす必要があるからです。

ただ、「交渉」と聞くと、「苦手意識」を持っている人がいるのも事実です。

少なくとも交渉が好きと答える人はそんなに多くはないと思います。**私たち日本人は昔から交渉ごとが苦手です。それは、目の前の交渉の方向に力を注ぐ人よりも、交渉後の人間関係に力を注ぐ人が多いからだと考えられます。**

たとえば「ここで強く出ると相手に嫌われるからやめておこう」「どう考えても相手が悪いけれど、ものすごい剣幕で怖いから我慢しよう」「この場を早く立ち去りたいから、とりあえず相手の言いなりになっておこう」

このように考える人は少なくないと思います。かくいう、私がその1人です。

そういう自分をなんとかしたいと思い、ある外資系企業の研修で学んだ交渉術を日常に取り入れたことがあります。

その交渉スタイルとは、何か交渉ごとが発生したら、完璧な理論武装をして、相手を徹底的に言い負かす交渉術でした。

しかし、交渉を重ねるごとに人間関係が悪くなっていきました。相手を追い詰めるような交渉術では、交渉相手は表面上では納得していても、心理的に反発しており、それが人間関係の悪化の原因になっていたのです。

これでは、いけないと思い、数々の交渉術や話し方の本を読み漁り、トライ&エラーを繰り返し、たどりついた結論が「落としどころ」を考えて交渉に臨むということでした。

交渉にあたり、極度に人間関係を重視する交渉をしたり、その反対に相手の立場をまったく考えない交渉をしたりするのは、「落としどころ」を考えていないことから生じる問題であったことに気がつきました。

そして「落としどころ」を持っていれば、交渉を1つの問題解決のプロセスとして考えることができたのです。それに気づいてからは交渉で悩むこともなくなりました。

勝ち負けにこだわっていた交渉から、問題解決のための交渉へと変化させたのです。

交渉は本来、関わる人すべてにメリットがあるものでないといけません。そのための解決策を見つける創造的なものなのです。

本書を読むことでより多くの方が、交渉を身近に感じ、交渉に対する悩みを解決する一助になってくれれば、大変うれしく思います。

目次

第2章

交渉のための基本スタンス

第3章

交渉のための準備

第4章 交渉を有利に進めるための環境づくり

第5章

交渉のための段取り術

第6章 相手の信頼を得る交渉のテクニック

第7章

相手の要求を知る質問テクニック

第8章 交渉力を磨いて問題解決力を養う

装丁／別府拓（Q.design）
本文デザイン／木村勉
ＤＴＰ／横内俊彦
校正／髙橋宏昌

第1章

交渉とは何か？

交渉とは何か？

交渉というと駆け引きや騙《だま》し合いというイメージを抱き、非日常的なシーンで行われているものという考えの人も多いようですが、実際は誰もが交渉の世界に生きています。交渉はとても身近なものなのです。

まずは交渉とは一体何なのかを考えていきましょう。

■交渉とは

交渉とは、利害対立が起こっている当時者同士（二者または複数）がお互いに妥結点を見出すために行う一連の手続きのことをいいます。こう聞くと難しく聞こえるかもしれませんが、簡単にいうと、特定の問題について相手と話し合うことです。

私たちは日常的に交渉を繰り返しています。

身近なところでは、電器屋さんで商品を値切るのも交渉の1つですし、妻にお小遣いを上げてほしいと頼むのも交渉にあたります。

お小遣いを5万円にしてほしい夫と、お小遣いを3万円にしたい妻では交渉を行わなければなりません。また、子どもがお母さんにゲーム時間を30分から1時間にしてほしいとお願いするときも交渉が必要となるでしょう。

他にも、友だちのケンカを仲裁して、意見をまとめたりするのも交渉になります。上司から面倒くさい仕事を頼まれ、それをなんとか回避したいと上司にかけ合うのも交渉といえるでしょう。

もちろん交渉は個人間だけでなく、企業間、国家間でも頻繁に行われています。

このように実はさまざまなシーンにおいて交渉が行われているのです。

■まずは利害関係を把握することが大事

交渉において最も重要なことは、自分と相手の利害関係をはっきりさせることです。

利害関係をはっきりさせないと、交渉が長引き、最悪の場合は交渉が決裂に向かうことさえあります。

利害関係がはっきりしている交渉は、電器屋さんで家電を値切ったりする場合ではないでしょうか？

お互いの利害がはっきりしており、お店は「商品を売りたい」、お客さんは「安く商品を買いたい」という利害についてのみ話し合っている場合は、交渉が長引くことはあまりありません。

ところが、大家さんがアパートを改装したいから、現在、アパートに入居している住人を立ち退かせたいと考えている場合、大家と住人の複雑な利害や価値観などが絡み合ってなかなか交渉が進展しない場合もあるのです。

大家さんとしては「なるべくお金を払わないですぐに退居してほしい」と考えると思いま

す。住人としては「引っ越しが面倒くさい」「新居を探すのが大変」「今、住んでいるところが気に入っている」など退居したくない理由はさまざまあると思います。

そこで大事なのが利害関係をはっきりさせることです。

たとえば、大家さんはいくらまで立ち退き料を出せるのか？
住人はいくらぐらいだったら立ち退きに応じてくれそうなのか？
といったお互いの利害関係を事前調査などではっきりさせて、そこへ向かって意見を一致させる必要があるのです。

お互いに自分の立場に固執している限り、交渉は難航してしまう可能性があるのです。

交渉は説得することとは違う

交渉とは相手を説得することではありません。相手を認め、誠実に対応することが交渉を有利に進めるための秘訣《ひけつ》です。

ここでは、相手への説得に傾きがちな交渉になってしまう原因について紹介します。

■相手の言質を取ってもしょうがない

相手を説得して自分の欲求だけを追求するのは、交渉とはいいません。

相手が納得していない状態で、説得しようとしても交渉はまとまるものではありません。

たとえば、自動車のディーラーなどでよくあるシーンですが、家族で車を買いに来ているお客さんでお父さんがOKを出してくれたのに、お母さんがNOといって、車が売れなかった場合などです。

なんとか車を売ろうとして、お父さんがOKを出したということを大義名分として説得を試みようとしますが、ほとんどはうまくはいきません。このようなケースでは「あなたは○○といいましたよね」と相手の言質《げんち》を大義名分として交渉を進めてもダメです。

よく法廷ドラマなどで見かけそうなシーンですが、法廷闘争ならいざ知らず、一般的な買い物の現場で言質を取られながら交渉を進められてしまってはかないません。

■相手に態度を改めさせても無意味

交渉においては、**相手に態度を改めさせるような交渉は交渉ではないといわれます。**

その理由は相手の態度を変えさせても、自分の利益にまったく影響がないからです。前述においても、「あなたは○○といいましたよね」ということをお父さんに認めさせたところで、恐らく事態はあまり変わりないでしょう。

むしろ、二度と話を聞いてもらえない可能性が高くなり、自分のほうが不利益を被る可能性もあります。それでは意味がありません。

では、説得するのではなく、交渉するためには何が必要なのでしょうか？

前述の自動車のディーラーの場合であれば、お父さんが望んでいる利益、たとえば「使いやすいこと」「カッコいいこと」だけではなく、お母さんが望んでいる利益、たとえば「今の車よりガソリン代が○%安くなる」「今の車が○円で下取りができるので初期費用がほとんどかからない」などのお母さんに響く提案をすることが必要となります。

お父さんとお母さんの両方が利益を得られるような落としどころと、自動車ディーラーのギリギリの採算ラインを見極めたうえで、初めて交渉のテーブルにつくことができるのです。

そうしたことを理解せずに交渉のテーブルにつくとお互いの利益の着地点がいつまで経っても見えてこないので、自分の利益が目減りしていってしまいます。

交渉は相手を騙すことではない

映画やドラマの中で交渉は騙し合いや駆け引きとして紹介されています。しかし、現実の中の交渉でそのようなことを行えば、相手から信用されなくなり、交渉を進めていくことが困難となります。信用を築くことこそが交渉なのです。

■騙しやウソは自らの説得力をなくす

相手を出し抜いたり、騙したりすることが交渉ではありません。

交渉は騙し合いではありません。相手を騙してより大きな利益を得ようと考えて交渉に臨んだ場合、必ず失敗します。なぜなら相手がウソをついているとわかった時点でまともな交渉はできなくなるからです。「コイツは俺を騙そうとしている。ならこちらも騙してやろう」「これくらいウソをついても大丈夫だろう。相手だってウソをついているんだから」。このように交渉相手に思われてしまっては、まとまるはずだった話も、まとまらなくなってしまいます。

交渉はあくまでも誠実に行われなければなりません。ただし、交渉において本当のことをすべて話すということではありません。

たとえば、ゴミ袋に入った缶を箱に移すという作業があったとします。

1人で作業を行えば1時間かかり、時給の相場は1時間あたり通常1200円だとします。この仕事をA社がB社に依頼するときに、B社が交渉においてすべて明かしてはいけないことというのは何があるでしょうか?

■自分の弱みはピンチのときこそ活用する

まず、第一に考えられることは、B社の採算ラインでしょう。

最初からギリギリの採算ラインを相手に告げてしまえば、たとえA社にその気がなくても足元を見られることになります。

第二に考えられることは、B社がA社の仕事を取れなければ、どれだけの不利益を被るかということです。

たとえばB社が本音ではすぐにでも現金が欲しいという時間的な余裕がない場合、A社に少々の不利益な条件を強いられても認めざるをえない場合もあります。

このように自社の弱みをさらけ出して交渉に臨んでしまうと、必ず窮地《きゅうち》に追い込まれます。相手を騙したり、ウソをついたりする必要はありませんが、**交渉に際しては聞かれたこと以外は答えないというスタンスは必要になります。**

交渉は自分の利益を最大化するためのやりとりです。もちろん、ウソはいけませんが、わざわざ自分に不利なカードを自分から切る必要はないのです。むしろそのような**不利なカードは交渉が難航しているピンチのときこそ利用すべきでしょう。**

たとえば、情に訴えたりするときに有効な手だと思います。交渉を有利に進めるには、騙したりウソをついたりするのではなく、相手や状況に応じて適切なカードを切っていく必要があるのです。

交渉相手を常識人として認める

いったん交渉をすると決めたら、交渉相手を「話をすればわかり合える」という常識人として見ることが鉄則です。相手を信用することができなかったり、変な先入観を持っていたりすると交渉を前に進めることはできません。

■相手への先入観が交渉を難航させる

交渉を行うためには、交渉相手を良識ある人間として認めなくては交渉できません。私たちは価値観の異なる相手、自分と目標が異なる相手に対して、不信感を抱いたり、疑いの目を向けたりします。

こうした態度は交渉において非常にマイナスになります。なぜなら**交渉は誠実のうちに進められなければならないという交渉のルール**を無視する行為になるからです。

たとえば、クレーム対応などで自分に対してあからさまに敵意をむき出している相手と交渉を行わなければならない場合、相手を恐れるがあまり、とにかく穏便に済ませようとして、相手の話を聞かずにその場をやり過ごそうと考えがちです。

しかし、そうした態度が相手の不信感を生み、さらに大きな問題に発展して問題がこじれてしまうということはよくある話です。

また、相手に対して自分の立場が極端に弱い場合、たとえば元請け会社と下請け会社との関係のような場合で商談などをするときに、立場の強いことを利用して無理難題をしかけられるのではないか?と相手のことを勝手な先入観で捉《とら》えることがあります。こうした先入観を抱いたまま交渉に臨むと、自分から弱みを見せるような交渉カードを切ってしまうことにもなりかねません。

交渉に際しては、そのような**先入観を排除することが大切です。**自分の目の前にいる交渉相手は、話の通じる常識人であるということを常に頭に置いておきましょう。そして相手は自分を出し抜こうとか騙そうとして交渉のテーブルについているわけではないと考えることが大切です。

■交渉相手に先入観を持たないためには

では、交渉相手に対して先入観を持たないようにするためには、一体どうやって相手を捉えるべきなのでしょうか？　相手に先入観を持たない方法は次の3つです。

①一緒に問題を解決していくパートナーとして相手を見る
②相手の性格などを勘ぐらない
③相手をひとりの常識人として見る

これから話し合われる問題について、一緒に問題を解決していくパートナーとして交渉のテーブルについていると考えましょう。相手も自分も共通な利益を実現するために一生懸命解決しようとしています。そのためにどうやって交渉を進めるべきかを考えたほうが交渉はうまく進みます。

落としどころを探る

何を決めるのかわからないまま交渉に入る人をよく見かけます。

とりあえず話し合おうという姿勢なのかもしれませんが、交渉を行う際には、最終的な落としどころを設定しなければ、お互いにとって得るところがありません。

■落としどころがないと交渉を続けられない

交渉の最終目的は、相手との話し合いの中で自分の利益を最大化することにあります。ただし、交渉の過程でオイシイところを得ようと考えてもそのほとんどが失敗する可能性が高くなります。

なぜならば、相手から譲歩を迫られたときに必要以上に譲歩してしまうことがあるからです。

たとえば、相手にしつこく譲歩を迫られたりすると、「ちょっと不利な取引だけれども、この不愉快な交渉から早く逃げたい」「早く会議室を出たい」「嫌な人と顔を合わせたり話すのがつらい」とこれ以上交渉を続けるのが嫌になってくる場合があります。

特に体力的に疲れた状態で交渉に臨んでいたりすると、交渉なんてどうでもよくなってきて相手のいっていることをすべて受け入れたくなる衝動にかられるものです。

こうなると、ずるずると地滑り的に譲歩をしてしまい、後で交渉を振り返ってみると、もっと頑張ればよかったと後悔することにもなりかねません。

だからこそ、交渉に際しては、事前にきちんと「落としどころ」(最低限受け入れていい条件)を考えることが必要なのです。

■落としどころを決めたらそれを死守する

落としどころを事前に決めるのは、交渉が感情に左右されやすいからです。人間は感情の動物です。交渉をしているといつの間にか目的がすり替わって、相手をやりこめることに固執していたり、自分の立場や価値観を守ることにこだわっていたりするものです。

相手に敵意が芽生えたり、疑いの心が芽生えたりすると、交渉が進まなくなります。相手の譲歩もうまく引き出せなくなり、交渉自体が嫌になって、やけになってしまいます。

このような状態に陥《おちい》ってしまうと、相手のペースに乗っかってしまい、自分が大きな譲歩を迫られるような状況に陥る可能性も高くなってしまいます。

そこで、交渉が難航した場合は、落しどころに戻ることが肝心です。自分がこの交渉で何を達成しようと考えていたのか？　打ち合わせのときにはどんな落としどころに落ち着こうと考えていたのかを深呼吸して思い出すことが必要です。

そして、交渉を辛抱強く行うことが大切です。合意にいたらなければ翌日に持ち越すという仕切り直しも考えるべきだと思います。

最良の代替案を考える

最終的に相手から提示された提案が自分の意に沿わないというケースは交渉の場においては日常茶飯事です。そのために、必要なのは交渉が不調に終わったときに相手が提示した条件以外の代替《だいたい》案を持っておくことです。

■交渉の落としどころ＝BATNA（バトナ）

交渉には落としどころが必要です。しかも具体的な落としどころが必要になります。とはいえ、具体的な落としどころといわれても、何をどのように考えればいいのかわからない人も多いと思います。

交渉の「落としどころ」とは、BATNA（Best Alternative To Non-Agreement）のことです。 BATNAは交渉が不調に終わったときに、**相手が提示した条件以外の最も望**

ましい代替案のことをいい、価格交渉だけではなく、さまざまな交渉に用いられています。

具体的な事例を挙げて説明しましょう。

たとえば、中古カメラ店で表示価格5万円の中古のデジカメの購入交渉をする場合です。買い手に、友人から譲ってもらえば、4万5000円で購入できるという担保があれば、中古カメラ店との交渉は4万5000円以下から交渉をスタートできるということです。一方、売り手は4万4000円で購入してくれる顧客がいるという担保があれば、4万4000円以上から交渉をスタートすることができます。つまり、4万4000円から4万5000円の間が実際の交渉ゾーンZOPA（Zone Of Possible Agreement）となるわけです。

■BATNAを知るには事前の調査が必要

BATNAを知るためには交渉相手に対する事前の調査が必要です。BATNAを知っているか、知らないかで交渉の結果が大きく変わってきます。

たとえば、前述の中古カメラを購入する買い手のBATNAを調べる場合、どのようなことを調べればよいのでしょうか?

第一に同一機種の市場価格を調べておくことは必要です。特にオークション市場などで上限がいくらで下限がいくらなのかということを調べるべきでしょう。

市場価格を調べることで買い手のBATNAを類推することが可能になります。

第二にその中古カメラの機種がどういう層に受けているのか? ウリは何かということを調べておくべきでしょう。ターゲット層を調べることで、交渉相手の人物像や性格、嗜好《しこう》などを類推することができます。

第三に交渉相手が購入をしたがっている状況を調べる必要があります。中古店で購入しなければならない事情、たとえば「友人のカメラはキズがついているのでキズがついていないものが欲しい」「友人に会えるのは3日後。でも、どうしても明日の旅行にカメラを持っていきたい」など中古カメラ店で買わなくてはならない事情があるはずです。この場合、事前に調査するのは難しいので交渉の途中で探る必要があります。

このようにBATNAは価格の条件だけではなく、交渉相手の人物像やその人が置かれている状況なども把握して、設定することが重要になるのです。

相手との協力が自分の利益を最大化する

相手に一方的に損をさせる交渉手法を取ると、相手はより強硬な手段を選んだり、二度と交渉をしてくれなくなったりしてさまざまな不利益を被《こうむ》ることがあります。

交渉相手との協力体制を築くことが利益最大化の最短の道となります。

■互いに協力すれば利益を最大化できる

交渉では交渉相手と一緒に問題を解決するという姿勢が、自分の利益を最大化する最短の道になります。それはなぜなのかということを「囚人のジレンマ」という有名なゲーム理論に沿って説明しましょう。

「囚人のジレンマ」とは互いに協力すれば利益が大きくなるのにもかかわらず、相手を信用

できないあまりにそのような関係になれない状態を指します。

具体的な事例で説明しましょう。

犯罪者AとBがある事件で逮捕されました。彼らは共犯者だと警察から疑われています。2人は別々に拘置されており、連絡は取れません。このため検事の取り調べに対して、相手がどんな対応をするかわかりません。検事が2人に示した条件は次の通りです。

① 2人とも黙秘すれば懲役2年ずつである(微罪で罰する)。
② 2人とも自白すれば、懲役5年ずつである(罪が確定)。
③ 1人が自白し、1人が黙秘すれば、自白した者は釈放、黙秘したものは懲役10年。

この場合、2人ともが損なはずの「黙秘」を選ぶと、2人の刑期は2年ずつで片方が自白するよりも罪が軽くなります。しかし、相手が黙秘を選ぶとは限りません。利害対立を起こしている両者が疑心暗鬼に陥っている状態、これが「囚人のジレンマ」という状況です。しかし、2人の人間が互いに協力し合うことができれば、両者が最も大きな利益が出る状態で交渉を有利に収めることができるのです。

■交渉の資格があるのは理性的な人間のみ

ただし、このゲーム理論には1つの大前提があります。それは、交渉当事者のお互いが「囚人のジレンマ」という状況がばかばかしいと思う必要があるということです。

つまり、自分たちの利益に対して冷静な人間でなくては「囚人のジレンマ」という状況もわからないし、また互いに協力することが利益の最大化につながるということも理解できないということです。

だからこそ、**自分も相手も理性的な人間として交渉のテーブルにつかなくてはならないのです。**

優秀な交渉人は一瞬で相手の信頼を得る

本当に優秀な交渉人は、野獣のような人を理性的な人間に変えて交渉のテーブルにつかせるといいます。

相手を交渉ができるような状態にさせることこそ、交渉の達人として必要な能力なのです。

■交渉の場を無理やり設けても意味はない

優れた交渉人はどんな種類の人間であっても良識ある大人に仕立て上げて、交渉のテーブルにつかせるといいます。

逆をいえば、相手が交渉しようという気にならなければ、交渉のテーブルに無理やりつかせたところで、交渉は進まないということです。

ところが、多くの人は、交渉相手がどんな心理状態であっても無視して無理やり交渉のテーブルに着席させようとします。

交渉のテーブルに相手が着席すれば、交渉が一歩前進したような気分になって達成感があります。しかしながら、それはあくまでも自己満足です。

相手は交渉に対してまったく乗り気ではないのですから、交渉は暗礁《あんしょう》に乗り上げてしまいます。自分と交渉相手に信頼関係が結ばれなければ、交渉の場を設けても意味がないのです。

■優秀な交渉人は信頼関係の構築がうまい

交渉がうまいといわれる人は信頼関係の構築に長けている人が多いといわれています。交渉相手の信頼を得るためには一体どうすればいいのでしょうか？

それは、相手に共感することと、相手からより多くの同意をもらうことです。

たとえば、パソコンメーカーのお客様相談室に、自社のパソコンが壊れたことで烈火のごとく怒っているお客さんから電話がかかってきたとしましょう。お客さんは相手に対して非常に不信感を持っているだけでなく、不満で怒りを爆発させています。このような状態で交渉に入ってもうまくいくわけがありません。

信頼関係を構築するために、まず行わなければならないことは、お客さんのパソコンが壊れたことによって生じた損害について共感することです。

「それはお困りでしょう」という気持ちを相手に伝えることが重要なのです。

これは謝罪をするよりも重要なのです。そして、問題解決に向けて一緒に協力してもらうことを相手に同意してもらうことが重要なのです。

このプロセスを省《はぶ》いてしまうと、交渉がまとまらなくなってしまうのです。

優秀な交渉人の資質とは何か

交渉は相手と信頼関係を構築して、相手と協力しながら1つの合意点に達するためのプロセスです。特別な才能や素晴らしい弁舌《べんぜつ》の能力はいりません。むしろ人間として誠実な人こそ、交渉のプロといえるのです。

■話べた、気が弱い人ほど交渉の達人？

「話がうまくできる自信がない」「相手に気を使い過ぎていいたいことがいえない」「押しが弱い」こうしたことを気にして、対人交渉が苦手だという人をよく見かけます。

ところが、交渉に特別な才能や弁舌の能力はいらないのです。むしろ話べたであったり、相手に気を配ることができる能力のほうが、交渉を有利に進めるうえで必要な能力であることが多いのです。なぜならば、**交渉で最も大事なことは相手から信頼されることだからです。**

特別な才能がある人や話のうまい人は、交渉相手に対して余計な提案をしてしまったり、必要以上に話をしてしまったりして、逆に信用を失うことが多いのです。交渉では相手に提案をしてもらうことも必要ですし、ときには黙って相手の出方を見ることも必要になってきます。だからこそ、**話しべた、気が弱いという人のほうが交渉に向いているのです。**

■優秀な交渉人になるには技術を身につける

とはいえ、**交渉のための技術を身につけることは必要です。**

目の前にいる人間が本当に望んでいることは何かということを判断することは重要ですし、相手に対し交渉をすることのメリットをアピールする能力も必要でしょう。事前にBATNAを用意して、交渉で想定される問答をある程度シミュレートしておくことは重要でしょう。また、価格交渉などでは交渉カードの切り方も重要な技術の1つになってきます。

ただ、こうした能力はすべて学べば身につけられるものばかりなので心配することはまったくありません。優秀な交渉人になるための資質は次の3つだけです。

①他人の話に耳を傾けることができる
②他人に気を配れる
③親しみやすく誠実である

重要なのは、普通の親しみやすい人で譲れないラインを持ち、それを交渉相手に的確に伝えることができれば、誰でも交渉の達人になれる可能性があるのです。

■事例　夫にもっと家事をしてほしいとき

休日や帰宅後に夫に家事をもっとしてほしいと考える人たちは、少なくないでしょう。こんなときに、夫に家事をしてもらう交渉をしてみてはいかがでしょうか？

こうした交渉で失敗してしまうのは、日頃の不満を夫にぶつけたり、頭ごなしに夫を怒ってしまったりすることです。あなたが夫に対して、怒る気持ちはよくわかります。恐らく普段から旦那さんは、家事に非協力的なのでしょう。しかし、これは交渉です。あなたの正当な利益（家事の分担）を勝ち取るために交渉しましょう。

簡単な交渉をするときに、把握するポイントは次の3つです。

① 交渉相手の利害を知る
② 落としどころを探る
③ BATNAを決める

家族の間の交渉というのは、信頼関係が高い状態で行う交渉なので、比較的楽です。なぜならば、お互いに目指すべきゴールは、家族関係の維持だからです。交渉をスタートする前に、「家族関係をもっとよい状態にするために話し合おう」といえば、交渉の成功率は非常に高まります。

夫の本音は「だるい」とか「眠たい」というものかもしれません。「せっかくの休日なのだから、休みたいとかゲームをしたい」ということが、相手の望んでいる利益です。この利益を最大限にすることを交渉相手である夫は望んでいるわけです。一方で、この利益を妨げるものが相手にとっての「害」（損失）なのです。

次に落としどころを探します。家事は完全に分けたい、という人もいるかもしれません。しかし、相手にとって家事をやることは損失になるのですから、交渉は進まなくなります。相手の利益も考える落としどころとは、妥協点を探すということです。

たとえば、週に1～2回、家事を担当してもらう日を増やしてもらうとか、食後の洗い物はやってもらうなどです。交渉相手が、なるべく損失を感じないようにするために、1日15分を2回とか、1日10分を3回とか、単位を細かくして、伝えるというのも方法です。小さな要求を積み重ねていく手法を「ローボールテクニック」といいます。

最後にBATNAの決め方です。交渉がうまくいかなかったときの代替案というのがBATNAです。BATNAを設定すると、交渉を広く捉えることができます。

たとえば、夫に家事をやってもらえない（交渉が決裂する）のであれば、家事代行サービスに依頼したり、掃除ロボットの購入を考えたりすることです。家事代行に依頼すれば支払いが発生しますが、そのお金を夫に負担してもらうという観点で交渉も可能です。

BATNAを持っておくと心理的に余裕ができて交渉を有利に進めることができます。

第2章

交渉のための基本スタンス

交渉の3つのカテゴリー

交渉には大きく分けて、「利益争奪型」「関係重視型」「問題解決型」の3つのタイプがあります。自分が交渉するときには、いつもどのようなタイプになってしまうのか自分自身で一度チェックしてみることをオススメします。

■「利益争奪型」と「関係重視型」

交渉は大きく3つに分かれます。1つは自分の利益のみに焦点を合わせ、人間関係を無視する①「利益争奪型」です。

もう1つは、人間関係を重視し、利益のために人間関係にひびが入る場合は、利益を後回しにする②「関係重視型」です。

利益の最大化の秘訣は当事者間の協力体制にあるとし、利益も人間関係もバランス良く重視する③「問題解決型」の3つがあります。

それぞれの交渉を具体的に見ていくことにしましょう。

「利益争奪型」は、ゼロサム（zero-sum）交渉ともいわれます。ゼロサムとは、テニスやボクシングなど対戦型スポーツなどで「一方が勝つと一方が負ける」という交渉の状態をいいます。両者の利得の和がゼロになることからゼロサム交渉という名がつきました。

「関係重視型」は痛み分け交渉ともいわれています。交渉においても人間関係を重視するために、利益を後回しにする交渉をいいます。

たとえば、長期的な契約を結ぶために、商品の価格を多少割引にして契約を成立させる交渉が典型的な事例です。人間関係を重視する交渉なので、一見するととてもよい交渉のように見えますが、利益を犠牲にしたことで、資金繰りが悪化したり、総合的な利益が減っていたりして長期的な視点に立つとあまり有利な交渉とはいえません。

■「問題解決型」とは

「問題解決型」とは、利益の最大化は当事者の協力体制にあるという理念の下《もと》、交渉そのものが問題解決のプロセスとして考えられる交渉のことです。

そのため、一方の利益に偏るような駆け引きを行ったり、人間関係だけを重視したりすることではなく、双方の利益の創出のためによい解決策はないかを話し合います。

たとえば、営業のための交渉において、価格がよく交渉の争点になりますが、その一方で交渉相手が本当に望んでいることは、もしかしたら商品の品質の追求にあるかもしれません。こうした利益争奪型や関係重視型ではフォローできなかった本音を問題解決型では拾い集め、問題解決へと導いていきます。

そのためには、事前に交渉の当事者間で信頼関係を構築し、さまざまな情報収集を行うことが必須となります。**利益と人間関係を両方、バランスよく重視する交渉を「問題解決型」と呼んでいます。**

交渉スタイルは性格に影響を受ける

前述のように交渉は、「利益争奪型」「関係重視型」「問題解決型」の3つにカテゴリーに分けることができます。自分が行う交渉が、どの交渉に分類されるのかは、自分と交渉相手の性格に影響を受けるケースがあります。

■勝ち負けにこだわる「自信過剰型志向」

人間は大きく分けて2つの性格タイプに分けられると考えられます。

最初のタイプは「自信過剰型志向」です。この人の性格をひと言でいうならば、正義感が強くて負けず嫌いな人です。他人に共感することが苦手な人も多く、自分で自分をコントロールしないと自分だけが正しいと考えて行動してしまう人もいます。また、早口でよく喋《しゃべ》る傾向があり、1つのところにじっとしていられません。イライラしている状態を顔や身体で表すことがあります。

また一度にいろいろなことを同時に行うことが好きで、仕事を何個も並行してやることにやりがいを覚えます。評価や分析が好きで、他人と衝突しがちです。社交性が高い人が多く、リーダーシップやマネジメント能力を発揮して会社を起業したりする人も少なくありません。チームリーダー、起業家などが多いのも特徴的です。主な特徴を挙げると次のようになります。

- 競争心が旺盛
- イライラしやすく、じっとしていられない
- 警戒心が強く、神経質
- 挑発的な言動、食事が早い

このタイプは交渉になると挑戦的な言動で相手をやり込めようとします。交渉の勝ち負けにこだわる人も多く、交渉スタイルとして「利益争奪型」を選ぶ人が多いようです。

■日本人の典型的タイプの「自信喪失型志向」

もう一方のタイプは、「自信喪失型志向」です。この人の性格をひと言でいうならば、ネガティブ思考を持っていて自分の感情を表に出せないタイプが多いようです。

とにかく何をやっても自信が持てず、常に自分に対して不満を抱えています。とはいえ、頭が悪いのかというとそうではありません。高学歴な人も多く、物静かで口数が少なく、まじめな人が多いのが特徴です。主な特徴を挙げると次のようになります。

● 物静かでネガティブ思考
● 周囲に合わせる
● 人にものを頼まれると断れない
● 過度に仕事を溜め込みやすい
● 感情を外に出さない

また、このタイプの特徴として挙げられるのが、他人の願望や気持ちに注意が向き過ぎて、いつもオドオドしているところです。自信喪失型志向の人は、他人からの拒絶が恐ろしくて、自分の考えを押し殺してでも他人に合わせようとします。

表面上は人に合わせる人が多いので、人格面を評価されることが非常に多いといわれています。こういうタイプは交渉になると、人間関係で波風を立てたくないと感じて、容易に謝罪をしてしまうことがあり、自分に不利な状況を無意識のうちにつくっています。また、簡単に譲歩をすることが多く、交渉スタイルは「関係重視型」になりがちです。

この2つの性格の人が行う交渉スタイルをいかに、「問題解決型」に持っていくことができるかが交渉人の腕の見せ所になります。

利益争奪型とは

自己の利益のみに注力して、相手を脅して利益を最大化する交渉を「利益争奪型」といいます。利益争奪型交渉は、自己の利益を最大化できる可能性がある反面、自分の弱みを突かれて交渉に大敗するバクチ的要素があります。

■利益争奪型はバクチ的要素が強い

自己の利益ばかりを重視する「利益争奪型」。自分と交渉相手の双方が利益争奪型を選んだ場合は「仁義なき戦い」が起こり、一方が勝って一方が負けるまで交渉が続きます。

最終的に双方が正しいという交渉結果にはならないので、交渉が決裂する可能性が高くなりますし、場合によっては法廷闘争で事態を決着するということにもなりかねません。

つまり、利益が最大化される交渉術とはいいきれず、交渉結果も一か八かという運に委《ゆだ》ねることになりがちなのです。

一方、自分が関係重視型を行って、交渉相手が利益争奪型を選んだ場合はどうでしょうか？　この場合は、自分が相手にやり込められる可能性が高く、終始譲歩を迫られるような状態になってしまいます。クレーマーに対する店員の立場などがこれにあたるでしょう。

■ゴネ得が必ず通るか

ただし、ゴネ得が必ず通るかというとそうでもありません。特に相手が問題解決型を行う場合は、利益争奪型を選ぶのは不利です。利益争奪型の立場が強いというのは、1つの尺度で強いというだけであって、他の尺度では弱い可能性があるからです。

たとえば、労働者と資本家の関係で双方の依存度が強い場合は、資本家は労働者がいないと自らの立場を保つことができません。白か黒かという争奪型交渉は逆をいえば、交渉カードを極端に絞ることで、自ら交渉相手に対して弱みをさらけ出しているのと同じなのです。

また、自分が利益争奪型を選んで、交渉相手が関係重視型を行っている場合はどうでしょうか？　この場合相手がこちらの思い通りに脅しに屈してくれれば勝つ可能性はあるかもしれません。しかし、相手がこちらの思い通りに脅しに屈してくれなければ、負けてしまう場合もあるのです。

関係重視型とは

相手と交渉すること自体が大嫌いで、とにかく交渉の場を穏便に済ませるために、多少の譲歩をすることもいとわない交渉を関係重視型といいます。この方法を取ると相手が利益争奪型のスタンスを取っていた場合、不利な交渉を強いられます。

関係重視型には主に次のような特徴があります。

- 関係重視型を求める当事者間でないと成立しない
- 利益が後回しになるため、利害対立の根本的解消にならない
- 利益争奪型を選ぶ人との交渉では、人間関係が悪くなる
- 長期的利益を求めるあまり損をする可能性もある

■関係重視型では将来の利益は得られない

人間関係を重視するあまり、利益を後回しにする「関係重視型」。この交渉は実際のところ、相手も同じスタンスを取らない限り、成り立つことがありません。

相手が利益争奪型を選んでいる場合は、譲歩を迫られ、不利な条件で契約を結ぶはめになるだけではなく、この交渉の目的である人間関係も構築できない恐れがあります。

なぜなら自分のことを対等な交渉相手として認めてくれなくなることがあるからです。

たとえば、取引先との長期的な関係を維持するために、利益争奪型を行っている相手に対して、目の前の利益を犠牲にした関係重視型を行ったとします。ところが、こうした交渉が何度も続けば、相手は自分のことをちょっと脅せば何でもいうことを聞いてくれる相手だと思うでしょう。

つまり、相手の自分に対する優先順位が下がってしまうことがあるのです。

そうなると、たとえば会社の経営戦略の変化などで真っ先に取引を断られる可能性があります。長期的な関係を維持するために目先の利益を犠牲にしたわけですが、その交渉の果実は結局、足元を見られただけになってしまうということです。

■関係重視型同士でも利益は減る

一方、双方が関係重視型を取った場合はどうでしょうか？　この場合は、人間関係の維持に力が注がれ、場合によっては利益も後回しで関係維持が行われる可能性もあります。しかし、実際問題として利害対立が起こっているのに、それを解消せず、交渉では何もいいたいこともいえないために、自分の利益が減ってしまうかもしれません

交渉において自分の利益を最大にするためには、相手の脅しに屈したり、人間関係に気を使い過ぎたりせずに、できないものはできないとハッキリと表明することが大切です。そうしないとズルズルと相手の都合に引きずられ、いつまで経っても不満を抱き続ける交渉結果となってしまいます。また、将来に対する利益というのは、あくまでも予測に過ぎません。

交渉の現場でその利益を算出するのはなかなか難しいと思います。自ら進んで交渉に複雑な変数を入れることはやめたほうがいいでしょう。

問題解決型とは

交渉を行う当事者間での協力体制が最大の利益をもたらすという考えのもとに行われる交渉を問題解決型といいます。この交渉では双方の利益を最も大きくして交渉を進めることができます。

■問題解決型とは

「問題解決型」とは、お互いの利害関係に着目して、交渉当事者の間で協力体制を築き、問題解決に向けて交渉を行うことです。そのためにはお互いの価値観や立場を認め、交渉の争点を価値観や立場といった表面的なものに置かないように気をつけます。

問題解決型を採用すれば、強者の論理を振り回したり、相手を脅したりする必要がありません。なぜならば、交渉は勝ち負けを目的とするものではなく、問題そのものを解決するためのものだからです。また、交渉相手に必要以上に気を使う必要はありませんし、自分が主張したいことを黙っている必要もありません。

なぜならば、譲歩しても問題は解決しないからです。問題を解決するための実現可能な解決策を提案し、それを双方が検討して、問題をできるだけ早急に解決することが結局は、自分の利益の最大化にもつながっていくのです。

■問題解決型で守らなくてはならないこと

問題解決型で重要なのは、問題解決に向けて相手とどのように協力体制を築くかということです。

その方法をひと言でいえば、相手を「信頼」するということです。こういうと「相手が利益争奪型を行ってきたら一方的にやられるだけだ」と考える人がいるかもしれません。

ここで誤解してはいけないのが、「信頼」というのは、盲信することではなく、「ひょっとしたら自分は騙されるかもしれないが、人生はギブアンドテイクなので、まず自分から協力行動を起こさない限り何も始まらない」という観点から信頼するということです。

だからこそ、相手に騙されず、自分と一緒に問題解決をしてもらうためにも、交渉相手の心を察する認識力、感情をくみ取る共感力、意思疎通をうまく図るコミュニケーション能力を身につけるということになります。

たとえば、パソコンのサポートセンターなどで、自社製品の故障でお客さんからお怒りのご連絡があった場合、まずサポートセンターの人はお客さんがいかにこの故障で不具合を被ったかをお伺いするでしょう。「申し訳ございせんでした。大変ご迷惑をおかけしました」と話すかもしれません。これが共感力です。そして、お客さんと一緒に不具合を直していく作業に取りかかると思います。お客さんは一刻も早く不具合を直したいと思っています。

相手の立場に立つ能力、これが認識力です。そしてお客さんから的確に不具合の箇所を聞き出し、それを伝える能力、これがコミュニケーション能力です。

自分のスタンスで相手のスタンスも変わる

交渉相手が問題解決型に乗ってこなかったらどうするのか？という問題は誰でも抱く疑問だと思います。

ところが人間は相手に返された行為をそのまま返す「返報性」の性質を持っています。まず自分が変わることが重要なのです。

■好意も悪意も相手から必ず返される

「笑顔でにっこり挨拶されたので、思わずこちらも笑顔で挨拶を返した」という経験は誰でも持っているはずです。**相手に何かをされたら、それと同じことを返すという性質を私たち人間は持っています。これを「返報性」といいます。**

返報性は人間を社会的動物たらしめているもので、私たちは、人から恩を受けたら、その恩を返すように無意識で反応するようになっています。そして人から恩を受けたにもかかわらず、恩を返さない者は、社会的に排除されることを私たちは誰でも知っているものです。

このように返報性の原則は、好意だけでなく、悪意に対しても人から返されるのが常です。「情けは人の為ならず」ということわざがありますが、人間社会は返報性の連鎖によってつくられているといっても過言ではないでしょう。交渉に際してもこの返報性の原則は適用されます。

■自ら問題解決型へ導くことが大切

相手に対して声を荒らげたりして強硬な態度で交渉に臨めば返報性の原則で相手はそれよりも強硬な態度で交渉に臨んできます。相手に対する不信感を抱いたまま交渉に臨めば、こちらも返報性の原則で相手も不信感を抱いたまま交渉に臨むことになります。

まず相手に話を聞いてもらうには、こちらから態度を改める必要があります。交渉相手に利益争奪型や関係重視型をやめてもらって、問題解決型に落ち着かせるためには、相手の出方を見るよりも、自分から問題解決型にしてもらうよう相手に提案をするべきです。

胸襟《きょうきん》を開いて前向きな交渉をする態度を相手に示さない限り、交渉は暗礁に乗り上げてしまいます。交渉をそのような形で終わらせないためにも、自ら進んで問題解決の方向へ交渉を持っていくことが重要です。

自分と相手の利益を最大化する

自分と相手の利益を最大化するためには、選択肢を1つに絞ることは危険です。より広範囲で複数の選択肢の中から共通の利益を探していく必要があります。そのためには、相手と協力して選択肢を探すことが重要です。

■答えは1つではない

交渉相手も自分も納得できない交渉をしても意味がありません。交渉の目的は自分の利益の最大化です。自分の利益を突き詰めていった結果、相手の利益も最大化されていたという状態が最も望ましい状態でしょう。

そのためには、**利益を最大化するための答えは1つではないということを肝に銘じるべきでしょう。自分の持っている尺度にこだわらず、さまざまな尺度で利益を考えてみることが**

重要です。

たとえば、営業のための交渉であれば、価格だけではなく、品質、アフターサービス、技術力、販売チャネル、ブランドなど相手の利益を最大化させるものはたくさんあります。ところが価格だけにこだわっていると、価格競争に巻き込まれがちです。そしてその価格競争を勝ち抜くためには、他の企業に比べて圧倒的な力を持っていなければ、交渉を有利に進めることができなくなってしまいます。

また、上司に急に残業をしろといわれて、それを断るといった交渉においても「やりたくない」という尺度だけでは交渉を有利に進めることはできません。急な仕事をやることで成果の質が下がることを上司に提案すれば、もしかしたら交渉が有利に進むかもしれないのです。

■相手のことをよく知ろう

あるコインランドリーの店主が自分のコインランドリーの利用客に対して、アンケートを取ったところ、コインランドリー近くのスーパーマーケットで買い物をしている間に、利用する主婦が非常に多かったということがわかったといいます。その店主は、自分の主要顧客は学生や独身男性が中心だと思っていたので非常に驚いたそうです。

問題解決型においては、こうしたターゲットに対するヒアリングが欠かせません。交渉相手のことを知れば知るほど、さまざまな形で提案ができるからです。そのためには相手の考え方や嗜好、置かれている状況など交渉相手に関する多くの情報を収集することが必要になります。

情報はインターネットなどから収集することも可能ですが、直接ヒアリングすることができれば、交渉に有利な情報を収集することができます。

しかし、自分が相手から信頼されていなければ、なかなか本音を聞き出すことができません。相手のことをよく知るためには、まず信頼関係の構築を最優先に行う必要があります。

どんな相手に対しても礼儀と敬意を払う

相手がヤクザみたいな人であれ、年下であれ、どんな人に対しても自分と対等な人間として礼儀と敬意を払うことが重要です。

あなたが思っている以上に相手は、あなたのことをよく見ているものです。

■交渉相手には必ず礼儀と敬意を払う

交渉相手には必ず礼儀と敬意を払うことが大切です。なぜならば交渉相手に対して礼儀や敬意を払うことは、相手を自分と対等な人間であると認めることだからです。相手を認めることは信頼関係の構築に結びつくことになり、相手が交渉の利害関係に目を向けてくれるきっかけになります。

ところが、交渉において強い立場にある人は相手を見下す態度に出てしまうことがよくあります。特に交渉相手が自分より年下になると偉そうな態度を取ってしまうものです。

たとえば、「僕も若い頃は君みたいに張り切り過ぎていたことがあるよ」などといって交渉を始めてしまうような場合です。無意識のうちにそのような態度が出ているのかもしれませんが、そうした態度から交渉相手は敏感に読み取ります。

自分が信用されていないと交渉相手が感じてしまえば、交渉はうまく進まなくなります。自分がどんなに強い立場にあったとしても相手を見下すような態度を取るのは、特に交渉においては厳禁です。

■プロの交渉人は犯罪者にも敬意を示す

人質を取っている大量殺人犯や誘拐犯に対して、プロの交渉人は、〇〇さんと敬意を込めて犯人を名前で呼ぶといいます。その理由は、信頼関係を構築して、交渉を進めるために必要だからです。どんな人間でもあなたが敬意を表せば、相手もその敬意に応えてくれるものだと彼らは信じているからです。

いつもひどい怒り方をする上司や何か問題が発生すると雷のごとく怒り散らす取引先などそういう人たちに対して、敬意を表すことは心理的に難しい面があると思います。

しかし、こちらが相手に対して敬意を示さないと相手はそのことを敏感に読み取り、交渉が自分の望んでいる問題解決型ではなく、利益争奪型に行ってしまうことも少なくないのです。

交渉において重要なことは、交渉相手は話せばわかるという常識を備えた人間であり、そうした人間であるからこそ、相手に対する最低限の礼儀は尽くすことだと考えます。そうした礼儀を尽くすことが、相手との信頼関係を構築する第一歩になるからです。

相手の置かれている立場に立つ

交渉では相手の置かれている立場に立って、相手が何を考えているのかを見極める必要があります。脅しをかけて自分を説得しようとしている人との交渉においても相手の立場に立つことで交渉を有利に進められる可能性があります。

■相手の言動や行動の裏を読む

交渉では常に相手がどういう判断を下すのかを予測しながら自分と相手の共通目標に向かって軌道を修正する必要があります。そのためには、相手の置かれている立場や本当に望んでいることをあらかじめ調べておくことが必要です。

ある会社に営業に行ったときに、「なかなか予算が下りなくて……」「時期尚早《しょうそう》だから……」などと建前で断られることがあります。しかし、担当者が置かれている立場や本当に望んでいることを読み取る力があれば交渉をとてもスムーズに進めることができます。

たとえば、今年度中に達成しなければならないような売上ノルマを担当者が持っていて、その期日が迫っている場合であれば、売上に直結するような話であれば、交渉は一気に進むことになります。

もちろん、相手の立場を類推できるような情報を仕入れるためには、その会社の競合関係にある同業他社の事情を調べたり、その会社ではどのようなことが担当者の評価につながるのかなどを事前に調査しておいたりすることが必要です。

相手の置かれている立場や本当に望んでいることがわかれば、担当者の言動や行動の理由が理解できます。

「なぜこの担当者は自分の対応に興味を示さないのだろう？」
「なぜこの担当者はこういう対応をするのだろう？」
「なぜこの担当者はこのような言動をするのだろう？」

そうした疑問を持つことで相手の置かれている立場や状況を把握することができます。

■脅したりするのには理由がある

人を脅かしたり、やけに馴れ馴れしくしたりして交渉を進める人に対しては、なぜそのような行動を取るのかということを注意深く見ることが必要です。

他人を脅すという裏には必ず隠さなければならない裏の主張があるからです。たとえば、恐喝まがいのことをしてでもどうしてもお金が必要な理由がある場合は、お金を得る目的で他人を脅す人もいます。

一方初対面なのにやけに馴れ馴れしく言い寄ってくる人にも、馴れ馴れしくするだけの理由があるからです。たとえば、友だちのように振舞って、相手の信頼を得たところで借金を依頼されたりするということはよく聞く話です。

表面的な行動や見た目の先入観にとらわれず、その人が一体何を望んでいるのか？　その人の置かれている立場はどういうものなのか？を常に考えて、脅しに屈せず、毅然《きぜん》とした態度で交渉を進めていくことが重要です。

検討段階から参加してもらい、責任を取ってもらう

他人に自分の主張を強要するのはうまい交渉とはいえません。とはいえ、自分の条件もきちんと相手に伝えたい。そのような場合には交渉の検討段階から積極的に相手に参加してもらいましょう。そして責任を取ってもらうことが重要です。

■交渉を相手との共同作業にする

人間は相手から何かを強要されるのを極端に嫌う傾向があります。これは交渉においても同じことがいえます。相手が無理やり同意させられたと考えていれば、交渉が成立した後でも必ず問題が起きることになります。

交渉を問題解決型に落ち着かせるためにも、自分の主張だけを述べるのではなく、交渉相手にも積極的に交渉の検討段階に参加してもらいましょう。**交渉相手が検討過程に参加する**

ことによって、交渉相手に結果の責任を取らせることになるのです。

検討過程に参加してもらうためには、交渉そのものを客観的で公正な目標に向かわせるための共同作業にすることが大切です。

たとえば、テープを聞いてそれを文字にする仕事（テープ起こし）を請け負うための値段交渉で、その仕事の市場価格が1時間あたり2万円だった場合、自分の提示する金額はその市場価格に近いものを提示したほうが、交渉相手も合意しやすいということです。

自分の提案に客観性を持たせる

また、自分の立場や都合によって提案をするのではなく、客観的な根拠を持って相手に提案することが必要です。

同じくテープ起こしの値段交渉の場合で考えてみましょう。交渉相手が1時間あたり1万5000円で仕事を依頼したいとあなたにいったとしましょう。

このときに、自分の生活が苦しくなるから困る、安過ぎるからもう少し高くしてほしいという主張を繰り返しているのでは、交渉はうまくいきません。なぜならば自分の立場に固執しているだけで交渉を前に進めようということが感じられないからです。

それよりも客観的データをもとに自分の意見を提案したほうがよほど説得力があります。「市場価格は1時間あたり2万円前後が一般的です。なんとか2万円ぐらいになりませんか？」などと主張すれば、自分の私的な意見ではなく、客観的な基準に沿って話を進めようとしているのだということが交渉相手に伝わると思います。

客観的データをもとに自分の意見を提案するというのは、相手の立場や価値観を否定することにはならないので有効な方法です。

第3章

交渉のための準備

交渉の目的を明確にする

冷静に交渉のテーブルについたとしても、交渉の過程では何が起こるかわかりません。人間は感情の動物です。無意識のうちに自分の望んでいる方向とは大きくズレが生じているかもしれません。そこで必要なのが交渉の目的を決めることです。

■交渉プロセスごとに目的を設定する

交渉では思わぬことが起こるので、交渉の目的は交渉に入る前に明確にしておくことが重要です。交渉相手から脅しがあるかもしれませんし、想定外の切り札を提示されることもあります。その一方で相手から譲歩策が提示される場合もあります。

自分と交渉相手の間でさまざまなやり取りが行われ、交渉の内容によっては感情的になってしまうこともあります。感情的になってくると、交渉の目的が置き去りにされて、どちらが勝ったか負けたかということに終始するようになります。

　これではゼロサムの利益争奪型になってしまうので、交渉が成功する確率も低くなりますし、失敗した場合は時間と体力の無駄になってしまいます。

　交渉の途中で頭を冷やすためにも交渉のプロセスごとに目的をあらかじめ明確にしておくことは非常に重要です。


　営業であれば「アポイントを取るための交渉」「提案書の内容を担当者に理解してもらうための交渉」「担当者からOKをもらい社内稟議《りんぎ》にかけてもらうための交渉」などです。

　目的を明確にするポイントは問題の争点を細分化するということです。たとえば、「A社と取引をするための交渉」というのは交渉の争点が漠然とし過ぎていて、何について交渉をすればいいのかわからなくなってしまいます。そうではなく、A社と取引するためには、どういうプロセスを経ればいいのかを考えて、そのプロセスごとに交渉の目的を設定するということです。

　アポイントのプロセスでは、アポイントの交渉をする、提案書を担当者に理解してもらうためには相手に理解してもらうための交渉をするといったことです。これは営業における交渉だけではなく他の交渉でも同じことがいえます。

■損失を小さくし、利益を最大化させる

たとえば、製品を納入したにもかかわらず、取引先から予定通りの入金がないために入金交渉をするケースを考えてみましょう。まずは仕事を依頼した相手に対し交渉をし、そこで交渉がまとまらなければ、経理担当者もしくは経営者との交渉になります。担当者との交渉で交渉がまとまらない場合は、会社の財務状況がかなり悪化している可能性もあります。こうした状況を考慮に入れずに的確な目的設定を行わないと相手の事情にずるずると引きずられてしまうことになってしまいます。

財務上の危機的な状況に陥っている会社から債権を取り立てるような状況は、利益争奪型になりがちです。こうした交渉において自分の利益を最大化するためには、いかに損失（負け）を最小にするかという「ミニマックス戦略」が重要になってきます。プロセスごとに交渉の目的を設定することは、ミニマックス戦略上でもメリットのあることなのです。

交渉目的設定のときのルール

交渉の目的はその交渉で何を求めるかによって変化します。

目的は何でも結構ですが、目的を設定するうえで最低限守ってもらいたいルールが存在します。それは常に利害関係に交渉相手の目を向けさせるためのものです。

■目的設定にも最低限のルールがある

交渉の目的を設定するための最低限のルールがいくつか存在します。

第一に、交渉を相手の態度を改めさせるような目的にしないことです。価値観や性格、立場、宗教上の見解などを改めることを目的にすると交渉は暗礁に乗り上げます。

第二に、交渉相手が置かれている状況をまったく考慮に入れない交渉の目的は意味がありません。

たとえば、「資本金が300万円しかない会社に1億円の機械を販売する」「債務超過している会社から自分の債権を100％回収する」などは交渉次第でなんとかなるものではありません。

第三に、市場価格、法律、一般常識、社会的慣習など客観的な基準から見て妥当だと思われるものに交渉目的を設定することです。公序良俗《こうじょりょうぞく》に反するような目的は相手から拒否される可能性が高くなるだけではなく、恐喝罪などの罪に問われる場合もあるからです。

■正しい交渉目的であれば後悔しない

自分に有利な条件で交渉するためには、自分が提示している提案は、精一杯努力した結果、もたらされたものであるということを交渉相手に認めてもらう必要があります。

客観的に正当な交渉目的であれば、交渉に強力な説得力が備わります。

ところが、客観的に見て不当だったり、私利私欲を追求したりするような目的の場合、交渉に説得力は備わりません。逆にその虚を突かれて法的手段に訴えられたりする可能性もあります。

そのようなことがないように常に正当な交渉目的を設定するべきでしょう。

正当な交渉目的であれば、交渉が難航したときにも自分に対して恥じることは何もありませんし、精一杯努力した結果だと交渉が決裂したとしても後悔することはありません。

交渉相手の情報を調べる（会社編）

相手の置かれている状況と相手の望んでいること（欲求）や性格がわかれば、交渉は8割方成立したようなものです。

実際に対面しなくてはわからないこともたくさんありますが、Ｗｅｂなどの情報からも類推することができます。

■相手の状況はＷｅｂからでもわかる

相手の置かれている状況や相手の関心事についてできるだけ調べておくということは交渉において最も重要なことです。交渉は相手と協力して最終的な落としどころＢＡＴＮＡに向かって進めていくものですが、相手の置かれている状況や相手の関心事についての情報が何も得られなければ、相手をリードすることはできません。

相手をリードするためには、最低限、交渉相手の置かれている立場の利害関係ぐらいは想像できるようにしておきましょう。

たとえば、B社に対して新しいWebプロモーションサービスを提案するために交渉するとしましょう。

まず考えるべきは、B社の業界内の位置です。創業してどのくらい経つのか？　売上高は過去5年間でどのくらい伸びているか？　競合他社はどのような会社があるのか？などを調べていきます。

ここでは交渉相手にとっての利害は何かを調べます。具体的なポイントは業界の老舗かそれとも新興企業かどうかを調べることです。老舗としてブランド力を上げたいのか、それとも新興企業ゆえに知名度を上げたいのかで交渉の仕方がまったく異なってくるからです。

調べる方法はさまざまですが、一番手っ取り早いのはインターネットでしょう。

業界動向や企業についてはGoogleなどで誰でも簡単に調べることができます。交渉相手が上場企業の場合は、「有価証券報告書」を調べると便利です。

競合他社の情報から市場シェア、事業上の強みや弱みなどまで事細かに掲載されています。

有価証券報告書はEDINETで無料で誰にでも公開されています。

■人づての情報も積極的に収集する

インターネットから得られなかった情報は、同じ営業の同僚に聞いてみるとか、営業をかける会社と付き合いがある業者などに聞いてみるなどして対策を講じてみるのもいいかもしれません。

情報収集の段階では、どんな情報でも貪欲に集めていくことが重要になります。

交渉相手の情報を調べる（交渉相手編）

交渉相手のことを調べるのは、会社だけでは不十分です。現場の担当者、決裁担当者などのことを調べることで、交渉を有利に進められる情報を得られるかもしれません。

情報の多くは対面によって得らされますがインターネットでも調べることはできます。

■まずは職場について調べてみる

引き続きWebプロモーションの営業交渉を例に、交渉相手の情報を調べる方法を紹介します。

会社全体のことを調べたら、次に現場担当者と決裁担当者がいる職場について調べます。

特に注意して見たいのは組織体系です。担当者の責任範囲、決定権を持つ人、権限のレベルといったものから、キャリアパス、昇進するためにどういう評価制度が用いられているか、社内政治、派閥といったものも調べられればよいでしょう。

Ｇｏｏｇｌｅなどからでも調べられますが、実際に同業他社の社員にヒアリングをかけるというのも会社内部の状況を調べるうえで参考になります。

決裁担当者は、全社的な利害関係に左右される場合が多いので、ここでは、特に現場担当者にとっての利害は何かを詳しく調べます。

たとえば、「売上ノルマが年度ごとに決まっていて、その売上ノルマを達成しなければならない」「広告予算の消化を年度内に行わなければならない」といった担当者にとっての制約条件がなんらかの方法で調べることができれば、交渉は非常にしやすくなります。

ポイントは、どのような利益であれば、相手は乗ってくれるのかを具体的に突き詰めていくことです。担当者本人が具体的にどういう立場に置かれているのか、そして本当に望んでいる何かを調べるためには、実際に会ってみないとわからないところもあります。

Ｗｅｂや業界内の噂《うわさ》など机上で調べられる情報は調べ尽くし、交渉相手の情報をつかんでおくことは非常に重要です。

■電話やメールからでも情報は取得できる

　現場担当者と決裁担当者のパーソナリティも調べられれば、事前に調べておきましょう。ざっくりと相手の性格をつかんでおくことも重要です。

　最近では、Ｆａｃｅｂｏｏｋや Ｔｗｉｔｔｅｒ（現Ｘ）、ＩｎｓｔａｇｒａｍなどのＳＮＳをやられている方については簡単に検索することができます。

　ＳＮＳをやっていない方でも、電話やメールでアポイントを取ったときにある程度の雰囲気がつかめるはずです。ちょっとした発言などから、コミュニケーションスタイルや好みやクセなどを読み取ることが大切です。

他人から見える自分像を把握する

交渉では自分の自覚している自分像だけではなく、相手から認知されている自分像を事前に把握することが必要です。

相手の知らない自分を1つでも多くしておくことです。それが交渉を有利に導きます。

■自分の状況は相手にだいたい知られている

交渉では相手に関する情報だけではなく、自分に関する情報も集めなくてはいけません。

なぜならば、交渉相手も自分の利益を最大化するために、交渉のテーブルについているからです。**利益を最大化するために、あなたの置かれている状況や欲求、強みや弱みといったものは交渉相手からある程度調べられていると考えてよいでしょう。**

たとえば、前述したWebプロモーションの営業における交渉であれば、自分と同じようなWebプロモーション会社がどういう規模でどのくらいの価格で仕事を請け負うことができるのか、価格に見合ったクオリティはどのようなものかということは同業他社との比較検討などから簡単に類推することができるからです。

これは何も営業における交渉だけではありません。これだけインターネットが普及した世の中であれば、Webを活用すれば、自分の置かれている立場や状況、自分が望んでいるものはある程度わかってしまうものなのです。

たとえば、ブログやメルマガなどを発行している人、雑誌などで取材を受けたことがある人はインターネットで発言内容や考え方を調べられている可能性があります。

必ずしも事前調査だけで交渉を有利に進められるとは思いませんが、それでもインターネット内に自分の行動や言動が残っていると、相手に自分の行動や言動を予測される可能性があることは、一応知っておいたほうがよいでしょう。

そのうえで、交渉を有利に進めるためには、交渉相手が知らない自分だけのとっておきの切り札を事前に揃えておくことです。

■自分の情報を調べるのはＷｅｂが一番

自分に関する情報を集めるためには、Ｗｅｂを活用するのが一番よいでしょう。

たとえば、営業における交渉を行う場合には、自分の業界について調べたり、同業他者について調べたりするのがよいでしょう。

特に自分のライバル会社についてよく調べておいたほうがいいでしょう。ライバル会社と比べて、自社のどこに強みと弱身があるのかという情報は相手がなかなか知りえない情報の1つです。

シンプルに自分の名前を検索して、どういう検索結果が出てきたかを調べるのもいいかもしれません。

切り札を増やすには

切り札を持っていると、交渉が難航したり、暗礁に乗り上げそうになったりしたときにとても役立ちます。そのためには、より多くの切り札を持っておかなければなりません。ここでは切り札の増やし方について紹介します。

■切り札の増やし方

交渉相手よりも多くの情報を押さえているほうが交渉を有利に進めることができます。ですので、交渉相手の情報はもとより、交渉相手の利益に関わるような情報を「切り札」としてたくさん持っておくことが重要です。

切り札は相手の弱みやニーズ、制約条件の情報を中心に拾い集めます。

たとえば、営業における交渉であれば、交渉相手の会社の商品のユーザーの声、その会社が狙っている市場のマーケティング情報などを探しておくということです。

価格交渉であれば、交渉を行う商品に対する市場価格の値段や基準の情報を収集することだけではなく、「ある金額で落ち着かなければならない交渉相手の事情は何か？」といったことも調べておくと、交渉が難航しそうになったときに、自分に有利な条件で交渉を進めることができます。

たとえば、交渉相手がある商品をどうしても2週間後に納品しなくてはならないという制約条件を持っていた場合、こちら側が特別体制で納期に間に合わせれば、通常の2倍の費用を提示したとしても喜んで条件をのんでくれる場合もあるのです。

また、商品取引などで相手がある期日までに商品を現金化したいということがわかっていれば、価格交渉をこちらの有利に進めることができます。

ただし、こうした情報は事前に得られることは稀《まれ》で、交渉相手との信頼関係が構築された後に得られることが一般的です。ですので、準備段階の情報収集だけにとどまらず、実際に交渉が始まってからも情報収集をすることを忘れないようにする必要があります。

■交渉相手の周辺から情報を得る

交渉相手の利害をできるだけ事前に調べ、切り札を増やしておきたいと考えるのであれば、からめ手から攻めていくという方法があります。

営業における交渉であれば、ターゲットとなる交渉相手と取引がある関係企業の担当者から交渉相手の利害関係の情報を得るというのも手だと思います。関係企業の担当者と話していると、わざわざ自分から依頼しなくても、同業他社から見た交渉相手の企業の内情については関係企業の担当者が勝手に話してくれたり、その担当者とのコミュニケーションの中でなんとなくつかめる場合があります。

また交渉相手がフリーランスであれば、交渉相手と親しい人物と先に仲良くなっておくというのも手です。交渉相手の師弟関係にある人、交渉相手が尊敬している人などと先に親しくなっておくと、交渉相手の事前情報をより多く得ることができます。そうすることで交渉の場が、ターゲットの交渉相手に対して自分のほうから有利な情報を提供できる機会にもなります。

妥協できる点と妥協できない点を明らかにする

自分と相手の情報を集め終わったら、今度は交渉に際して妥協できる点と妥協できない点を明らかにしていきます。これらのことを決めておかないと、現場でひるんだり、動揺したりして交渉を前に進めることができなくなるからです。

■利害は紙に書いて明確にする

交渉は交渉相手の立場ではなく、利害に注目して行います。ですので、**交渉前には必ず自分の利害を明らかにして交渉に臨む必要があります。**

自分の利害を明らかにするということは、**具体的にいうと「妥協できる点」と「妥協できない点」を明らかにするということです。**利害を明らかにして臨むと、交渉がスムーズに進むだけではなく、交渉に強くなれます。さらに、交渉が終わってからも後悔することがありません。

交渉する前は非常に悪い印象だった交渉相手が、交渉が始まった途端、自分の自尊心をくすぐるような卑屈な態度に出てきたら、もしかしたら大いに譲歩してしまうかもしれません。交渉はこのように心の誘惑が非常に多い場所でなかなか冷静な判断を下すことができないのです。

簡単な交渉であれば、頭の中で利害を明確にして臨むという方法もありますが、やはり紙に書いたほうが、いざというときに役に立ちますし、頭が混乱したときに原点に戻ることができます。利害を明確にするには、利害リストを作成することをオススメします。

■利害リストをつくる

リストは大層なものではありません。「A4」1枚の紙の上に交渉の目的を書いて、真ん中に線を引きます。そして左に「妥協できる点」、右に「妥協できない点」を自分がこれまで調べてきた情報をもとに思いつくままに書いていきます。

たとえば、妥協できることは「予算が200万円以上」「納期は1カ月」、妥協できないことは「予算が200万円以下」「納期は1カ月以上」など書いていきます。

利害リストをつくるときに気をつけなければいけないのが、交渉相手が何をいってくるのかを予想して書くことです。

たとえば、お小遣いを500円から1000円にアップしてもらう交渉を考えてみます。もちろん、交渉が不調に終わったときの代替案は、現状維持で500円になります。お小遣い交渉では、母親は必ずお小遣いの金額を上げるかわりに家のお手伝いをしてほしいという条件があると予想されます。このときに、自分が妥協していい家の手伝いと絶対できない家の手伝いを列挙しておきます。

リストの左に入る「妥協できる点」は、「毎日の皿洗い」「犬の散歩」「毎日のおやつを我慢すること」でした。リストの右に入る「妥協できない点」は「庭掃除」「父親の手伝い」「夕食の買い物」でした。このように交渉場面を想定しながら利害リストをつくっておくと相手の思わぬ条件にも即応することが可能です。

利害リストの優先順位を決める

交渉ではさまざまな案件が話し合われます。ところがやみくもにいろいろな案件を交渉のテーブルに乗せると、スムーズに処理できない場合もあります。

そこで、案件の順番を決めておくと便利です。

■話し合う項目をカテゴリー分けする

価格交渉などいきなり交渉しづらい案件から始めると難航する可能性もあります。そこで、他愛のない案件から先に片付け、大物は最後に片付けるという交渉手法を取ると、大物も意外とスムーズに処理できてしまうこともあるのです。

案件の優先順位は、自分と交渉相手がその案件についてどんな優先順位で考えているかということで決まります。ですので、**利害リストから案件を抽出し、優先順位をつけていくと便利です。**

利害リストに優先順位をつけるためには、話し合われる項目をカテゴリー分けする必要があります。具体的な事例で説明しましょう。

A社からB社に依頼されたギャランティ300万円の仕事がありました。B社は仕事をこなし納品しましたが、A社でミスがあり、A社の親会社が制作費用を満額支払うことを渋っています。このためB社は300万円満額もらえるかわからなくなりました。B社は、300万円でなくてもいいので、コスト分の150万円はなんとしても確保したいと考えています。

このときに交渉で話し合われる内容は、主に「ギャランティの価格」「ギャランティの入金日」「ギャランティの有無」の3つです。項目はいくつ挙げてもらっても構いませんが、多くとも5つぐらいに絞っておいたほうがわかりやすいと思います。

■自分と相手の優先順位を記入する

そして、その項目に自分の交渉における優先順位、相手の優先順位をそれぞれ記入していきます。自分はまず「ギャランティの有無」が知りたいので1番。相手も恐らくそうだと思うので1番。

次に自分はギャランティの価格が気になるので「価格」が2番。相手も恐らくそうだと思うので2番。最後の3番目に「入金日」が入ると思います。

しかし、交渉の順番は相手と信頼関係が築けていれば、1→2→3ですが、信頼関係が築けていなければ、1→3→2となります。これは価格という項目が交渉で一番難航しそうな気がするからです。それであれば、先に合意に達しやすいものから処理していくことがポイントです。その間に信頼関係を築くことができて、難航しがちな価格の交渉もうまくいく可能性が高くなるからです。

このように交渉する案件に順番をあらかじめつけておけば、交渉をスムーズに進めていくこともできますし、もし、交渉が難航し始めたら順番をその場で変えることもできるのです。状況を判断しつつ、案件の順番を入れ替えていくことも交渉を進めるうえで必要なことになります。

ＢＡＴＮＡを決める

交渉の目的、利害リストの作成が終わったら、最後にＢＡＴＮＡをつくります。交渉が不調の状態に終わった場合、どのような態度を取るのかを決めておくのです。

ＢＡＴＮＡが決まっていれば、交渉に強くなれます。

■ＢＡＴＮＡがあればひるまず対応できる

ＢＡＴＮＡは交渉の損切りラインのことで、交渉の準備の最終段階で設定します。なぜならば、交渉で考えられる妥協案を出し尽くした後に交渉が不調に終わったときの代案を考えるのが最も自然だからです。

前述のギャランティの価格交渉を例に考えてみることにしましょう。Ｂ社のＢＡＴＮＡは

150万円です。たまたま偶然にも一緒に働いていたC社がB社の技術力の噂を聞きつけ、C社を主要取引先にしてくれるのであれば、A社の150万円を代わりに払ってくれるといっています。

このことから、B社はギャラが150万円以下になったら、もう二度とA社の仕事は受けず、主要取引先を別の会社にすると判断しました。

こうしてBATNAを決めておくと、交渉において極めて冷静に振る舞うことができます。そして交渉が暗礁に乗り上げそうだったら、BATNAを出すわけです。

もしかしたらA社は交渉決裂を避けて、こちらが提案した最低限の妥協条件を了承してくれる可能性が高くなります。

■BATNAは保険である

交渉が苦手という人に、BATNAを考えていない人が非常に多く見受けられます。BATNAとはこれ以下の交渉結果になれば、交渉から降りるという指標です。

直訳すると「最良の代替手段」になりますが、交渉が決裂した最悪のパターンを想定して交渉に臨むということです。ただし、勘違いしてはいけないのが泣き寝入りをするための理由として用いないということです。

ＢＡＴＮＡは言い換えれば、交渉が決裂した場合の保険です。

ですので、なんとか交渉が決裂しても利益が確保されるように代替手段はないか、必死で探すことになります。そうして必死になって見つけたＢＡＴＮＡを最低ラインとして交渉できる範囲をどのくらいか見積もっていくわけです。

交渉において「この交渉がダメになったらウチは倒産だ！」という状態だと関係重視型を強いられてしまいます。

また会社の内情が相手に知られれば、交渉の切り札を相手に握られることにもなるのです。交渉を有利に進めるためにもＢＡＴＮＡをしっかりと探しておきましょう。

オプションを出す順番を考える

利害リストの優先順位、BATNAが決まったら、オプションを出す順番を考えます。オプションとは「妥協してもいい点」のことをいいます。妥協案、選択肢、手札といってもいいかもしれません。ここではオプションの順番について説明します。

■オプションはもったいぶって出そう

交渉を行っていると、こちらが妥協していいと思っているものが、交渉相手のこだわりポイントであったりするものです。

たとえば、前述したお小遣い交渉においては、「毎日の皿洗い」→「犬の散歩」→「おやつを我慢すること」の順番で手札を切ると考えたとしましょう。ところが、交渉相手の母親がお小遣いを500円から1000円にアップする交換条件として、一番望んでいたことは「毎日の皿洗い」であったとしたらどうでしょうか。喜んで取引に応じるべきでしょうか？

ここは、もったいぶってオプションを出したほうがよいのです。もったいぶってオプションを出さないと、交渉相手に「この人を脅せばもっとよい条件が引き出せるのではないか」と思わせてしまう可能性があるからです。

これでは交渉が問題解決型にならずに、利益争奪型になってしまいます。ですので、**オプションを出すときには気をつけて出さなければならないのです。**

「その程度の条件ですか。それならいいですよ」といった途端に、相手はさらなる譲歩をこちらに要求してくるでしょう。それでは、自分が思っていた以上に譲歩を迫られることになります。

■オプションリストをつくる

交渉の鉄則の1つに誠実な態度で相手と接することがあります。

ウソはいけませんが、こちらの手のうちをすべて明かす必要はありません。だからこそ妥協してもよいと考えている条件をもったいぶって交渉相手に高く引き取ってもらうようにするのです。そうしなければ、足元を見られて妥協したくないことまで妥協しないといけなくなってしまいます。

では、相手に高くオプションを引き取ってもらうにはどうすればよいのでしょう。

まずは、利害リストの「妥協していい点」をオプションリストに抜き出して、順番を振っておきましょう。こうしておけば、交渉相手の言動に惑わされることがありません。

きちんとこちらが主導権を持って、そしてこちらの優先順位通りに、もったいぶってオプションを提案できるのです。

立場が弱い場合のオプションの考え方

圧倒的にこちらの立場が弱い場合、オプションはどうやって考えればよいでしょうか？「妥協してもいい」オプションだけを考えておけばよいのでしょうか？　ここでは自分の立場が弱いときのオプションの考え方を紹介します。

■相手の出方をよく観察する

こちらが妥協していいと思っている点が、交渉相手のこだわりポイントであるのと同様に、こちらが妥協したくないと思っている点が、交渉相手のこだわりポイントであることもあります。そういう場合は、相手がこちらの出すオプションについて熟知している場合です。

たとえば、中古車売買で価格交渉を行う場合がそれに当たります。お客さんは交渉の際に

「○○のディーラーはカーナビをつけてくれた」などとディーラーのオプションを先読みして譲歩を迫ってくる場合があります。

自分の立場が相手に対して弱い場合は自分が「妥協していい」と思っていることだけではなくて、「妥協したくない」と思っていることも、考えておく必要があります。

最初に行っておくことは、**相手がどういう譲歩を迫ってくるかということを頭の中でシミュレーションしておくことです。**

■利害リストをもう一度見直してみる

ここで大切なのは、自分が妥協したくないと思っていることにまで相手が譲歩を迫ってきたらどうするかを考えておくことなのです。

もちろん、相手の要求がＢＡＴＮＡを超えていたら交渉の余地はありませんが、本当は妥協したくないけれども、本当に最後の手段で妥協してもいいと思っていることがあれば、それをオプションに加えるということも必要です。

つまり、相手の性格や相手の出方を考えて、利害リストをもう一度見直してほしいということなのです。

利害リストを見直せば、「妥協してもいいけれど、相手がこういう態度を取ったら妥協したくなくなるもの」「本当は妥協したくないけれども、妥協してもいいもの」「何が何でも絶対に妥協したくないもの」などさまざまなシーンでオプションが考えられると思います。

このようにオプションのバリエーションを増やしておくと交渉の幅が広がります。交渉の幅が広くなればなるだけ、交渉をスムーズに進めることができるのです。

留保条件を設けておく

最終地点が不明瞭な交渉の場合、自分の立場をはっきりと表明すると、逆に自分の立場が不利な状況に置かれる可能性があります。そういうときに便利なのが留保です。ここでは留保の使い方を紹介します。

■立場が弱いときは必ず留保条件をつける

交渉で留保条件をつけて自分の態度を決定することは、いい方を変えると「逃げ道をつくる」ということになります。なぜ逃げ道をつくっておかなければならないのかというと、交渉はさまざまな条件が重なって進んでいくため、条件が変化したときまで、責任は持てないからです。

「Aという手段がうまくいかなかったらBという手段を取ります」「Bという手段がうまくいかなかったらCという手段を取ります」というように、**さまざまな状況の変化に対応できるように、条件をつけて自分の態度を決めておきましょう。**

たとえば、元請けと下請けの関係で交渉を行ったとしましょう。そこで、絶対妥協したくないことを元請けが下請けに対して譲歩を迫ってきたとしましょう。もちろん、元請けと関係を続けないという選択肢もあります。しかし、下請けがどうしてもその元請けと関係を続けたいのであれば、留保条件をつけて交渉をするという方法があります。

具体的には、価格を下げるという条件はのむけれども、サービスの品質については保証できない、または価格は下げるけれども、トラブルに対する責任は持てないなどです。このような取り決めを事前に行っておかないと、すべての責任を負わされることになってしまいます。

■留保条件が活用できる契約書をつくる

交渉は最終的に合意にいたった事柄を文書で残します。変化の激しい時代ですから、留保条件をきちんと取り決めておくほうが無難です。しかし、日本の契約書の場合、留保条件についてはあまり細かく取り決めがなされない場合が多いので、注意が必要でしょう。

特にビジネス交渉の場合、金銭的事項について留保条件を明確にしておかないと、自社の存続にも関わる事態になってしまいます。

そこで、オススメなのが契約書を作成する場合には、基本契約書のほかに個別契約書を作成することです。一般的に基本契約と個別契約の優劣関係は、個別契約が基本契約よりも優先するように基本契約書に記載します。

これは、個別の契約状況に応じて基本契約を変更することができるというメリットがあります。

■交渉事例　近所付き合いをよくする場合

賃貸マンションではあまり関係がないかもしれませんが、一戸建てを購入すると、ご近所付き合いが重要になってきます。しかし、これがなかなか難しいものです。

特に昔から長く住んでいる、ちょっと変わった住人に行動を変えてもらいたいというときなど少し言い方を間違えると、悪い噂を立てられたりして、住みづらくなってしまうかもしれません。

ご近所付き合いの交渉術で重要なのは、住人の利害関係を知ることです。普段、あまり関心がない相手でも、よく観察をしてみると、相手がどのようなことに利益を感じ、損失を感じるのかを知ることができます。交渉のポイントは、なるべく損失を感じさせないように、相手の利害関係の妥協点を知ることです。

行動を変えてもらう交渉では、オプションを用意しておくことが大切です。

ある住人は、金銭や物品で相手を評価する人もいます。こういう人に何か行動を変えてもらいたいときには、何か物を渡しながら、こちらの意見を主張するとよいでしょう。一方、挨拶や礼儀で相手を評価する人もいます。このような人は金品を渡しても効果がありませんが、挨拶や礼儀を欠かさなければ、交渉はうまくいきます。

第4章

交渉を有利に進めるための環境づくり

交渉のための最良の環境を考える

自分が相手に対して心理的に優位に立てる環境が交渉に適しているといわれています。しかし、相手と協力して行う問題解決型の交渉を行うには、その環境は適していないかもしれません。ここでは交渉に適した環境を考えてみましょう。

■交渉を進めるうえで有利な環境とは

交渉を有利に進められる環境はお互いの力関係や立場によって微妙に異なります。**一般的にいわれているのは、自分のテリトリーで交渉を進める場合は交渉相手に対して優位性を保てるというものです。**

しかし、毎回、自分のテリトリーで交渉を進めることは力関係や立場の弱い交渉人にとってなかなか酷なことでしょう。

ときには、相手の力関係や立場が強い場合は、自分が交渉相手のところに出向かなくてはいけません。どんなところで交渉するのかまったく把握できないわけですから、交渉の環境を有利に活用することは不可能です。

とはいえ、相手のテリトリーに自分が行くことで必ずしも相手が交渉で優位に立てるとは決まっていないのです。なぜならば、心理的に優位に立ったことで油断を生む可能性があるからです。

■交渉環境は状況に合わせる

人間は自分の知っている場所、自分のテリトリーで活動することで安心すると同時に気が緩みます。思わぬところで本音を吐いてしまったり、自分が不利になるような余計な情報を流してしまったりします。

また、交渉相手の会社に呼ばれた場合は、相手の会社の規模や設備、組織といったものを見ることができ、相手の内情を知ることができるというメリットは大きいといえるでしょう。

つまり、自分のテリトリーで交渉を行うことは、交渉相手に対して心理的に優位に立つことはできますが、必ずしもいいことばかりではないのです。

交渉を有利に進められる環境を選ぶポイントは、交渉相手が落ち着いて話ができる場所だと思います。交渉は騙し合いではありません。

よい交渉はまず相手との信頼関係をつくることから始めなくてはいけないのです。ですので、その第一歩として交渉環境の選択を交渉相手に任せるのもよいと思います。

騒々しい場所は集中力を欠き、交渉には不向き

信頼関係構築のために、相手の指定した交渉場所に行ってみたら、混雑したファミリーレストランだったら……。混雑した場所では集中力が削がれ、交渉の内容をうまく判断できなくなります。案件に集中するためにも場所の選定は重要です。

■騒々しい場所は交渉環境には不向き

交渉は自分のテリトリーでも相手のテリトリーでもなるべく静かで落ち着いた場所を選ぶようにしましょう。

騒がしい場所は集中力を欠き、自分の思い通りの交渉を行うことができなくなります。これは心理学でいうところの「注意拡散効果」と呼ばれるものです。人間は騒々しい場所に置かれると、他人の話し声や騒音、ＢＧＭなどに注意を奪われて、本来の注意力が低下してし

まうのです。

米国・オハイオ州立大学のロバート・オスターハウスの心理実験に、大学の授業料を倍増させたほうがよいと説得するテープを学生に聞かせ、それと同時に部屋のライトを点滅させるものがあります。

その結果、ライトの点滅回数が多くなればなるほど、注意力が拡散して「大学の授業料を倍増させたほうがよい」という説得を受け入れやすくなり、その反論も思い浮かばないことが明らかになったといいます。

■ときには場所の再提案をすることも必要

こうした心理効果を悪用しているのが、悪徳セールスマンや詐欺師です。わざと混雑したファストフードの店内やパーティー会場などで高額商品の購入交渉を自分の有利に展開するのです。

信頼関係の構築のために、相手のテリトリーで交渉することになったのはいいですが、混雑したファミリーレストランで交渉してはいけません。

特に自分のほうが立場や力関係が弱い状態で交渉を行う場合、そのような騒々しい場所で交渉すると相手の主張を正しく判断する注意力を失ってしまいます。

特にお金がからむ交渉については、騒々しい場所で行うのは望ましくありません。交渉相手に交渉の場所を決めてもらう場合でも、場所をあらかじめ聞いておくことが必要です。そして交渉をするのにふさわしくない場所だと判断した場合は、できるだけ変更してもらうように提案するべきでしょう。

そしてなるべく落ち着いた静かな場所で交渉をするように心がけたほうがよいでしょう。

交渉の際には座り方にも気をつける

感情のぶつかり合いになりがちな交渉のシーン。そんな場所だからこそ、ポジショニングの心理的効果にも目を向ける必要があります。どうやって座れば、交渉を有利に進められるのか紹介します。

■交渉の際の一般的な座り方

座る位置は交渉の段階や種類によって異なります。

座り方はテーブルを挟んで、自分と交渉相手が対面で座るのが一般的です。企業間交渉など複数人の交渉相手と交渉を行う場合も基本的には同じです。長いテーブルを挟んで自分側と交渉相手側に分かれて座ることになります。

交渉相手と対面で座る場所にもメリットとデメリットが存在します。

対面で交渉するメリットは双方の問題点を徹底的に洗い出すことができることです。たとえば、付き合いのある会社と懸案《けんあん》事項を話し合う場合や、条件面に関する問題をあぶり出す場合などの交渉で効果を発揮します。

一方、対面で交渉するデメリットとしては、どうしても相手を威圧し合うポジショニングなので、なかなか親密な信頼関係を構築しづらいということです。対等な立場で事業提携をする交渉などでは、平行線をたどってしまうことにもなりかねません。

■交渉段階に応じて座り方を変える

交渉では座るポジションを変えてみることが議論を前に進めるきっかけになることもあります。


たとえば、利害の相違が見えてきて、具体的に交渉を詰める段階になったら、座るポジションそのものを融和の効果があるものに変化させるべきでしょう。

対面に座らずに、斜めに座るというのも1つの方法です。このポジショニングでは視線が相手から逸れるので、対決姿勢にならずに済みますし、問題をお互いに解決しているという心理的な協力体制を築くことが可能になるのです。

特に信頼関係構築のために他愛もない話をするのが苦手な人は、こうした座り方によって心理的な負担から解放されることもあるようです。

「たかが座り方でそんなに変わるものか！」と思う人もいるかもしれません。

しかし、座り方は意外と重要です。対面に座ると交渉相手はなかなか心を開いてくれません。信頼関係の構築に余計に時間がかかってしまうのです。

相手を威圧すると問題がますます悪化しそうなお金の問題に関する交渉など、最初から険悪なムードが予想される交渉では、最初から対面で座ると、対決姿勢を助長することになってしまい交渉が平行線をたどることも考えられます。交渉の種類や段階に応じて座り方も工夫してみるとよいでしょう。

交渉を有利に進めるための小道具

人間の記憶はいいかげんなもので、交渉の最中に交渉の目的や検討事項を忘れてしまうことがよくあります。自分たちが何の交渉をしているのかを確認するためにも、また交渉を有利に進めるためにもアジェンダ（検討課題）を書いておきましょう。

■アジェンダ（検討課題）を用意する

アジェンダとは、交渉における検討課題のことです。

日時や参加者、場所、交渉する内容について記したもので、ホワイトボードに書かれていたり、紙にプリントして参加者に配られたりします。参加者はそれに沿って交渉を進めていきます。

アジェンダがあると議論がヒートアップしたりして何の交渉をするのかわからなくなった

ときや検討課題の進捗状況などを確認するときに便利です。

アジェンダの書式は特にありませんが、日付、時間（開始時間、終了時間）、場所、参加者、交渉目的、検討課題、それまでの交渉で合意した内容などを書くのが一般的です。

アジェンダは、交渉が始まる前に交渉相手にメールやファックスなどで送っておいたほうがよいでしょう。そして、交渉ではゴール地点を目指してどういう順番で話を進めていくのか相手に了解を取っておいたほうがよいでしょう。

現場でいきなり出しても、相手がそこでアジェンダを拒否してしまえば、元も子もないからです。

■アジェンダで交渉の主導権を握る方法

交渉の主導権をごく自然な形で握りたいのであれば、アジェンダをホワイトボードに書き、「今日は○○の議題について進めましょう」と話すことで十分です。それで交渉の主導権を握ることができます。

交渉の進行役になることは、大変そうに見えて、実は交渉を議事の進行という名のもとに自分の思い通りに進めていけるので非常にメリットがあるのです。

たとえば、交渉が自分の目指す方向と異なる方向に行きそうになったときにも、相手に不快な思いをさせずに自分で交渉の方向性をコントロールすることができます。また主導権を握ることで、自分の都合のよいときに相手に発言の機会を与えることができてしまうのです。

交渉に適した距離を守る

交渉に際して相手との距離を考えるのも重要なことです。**信頼関係が構築されていない場合、交渉に適した相手との距離は1～2メートルが最適であるといわれています。**信頼関係を築くまではその距離を守るのが鉄則になります。

■尊重できる距離で交渉する

こちら側から親しくなろうと考えて、交渉相手に近づいても、近づき過ぎては逆に相手から不快に思われてしまいます。

人間にはパーソナル・スペースと呼ばれる目に見えない境界線に囲まれた空間があります。相手との信頼関係を構築していない状態でパーソナル・スペースを侵すと、交渉相手は不快に感じます。距離と快不快感の感じ方の関係は、男女によって差があり、また個人によっても大きな差があります。

信頼関係が築けていない相手との交渉では、最適な距離は1～2メートルといわれています。1メートルとは自分と相手との手を伸ばして触れ合うぐらいの距離です。

女性は相手との距離が近いほうが親密さを感じる傾向があり、交渉空間は比較的狭いほうが、リラックスをするといわれています。

一方、男性の場合は、相手との距離が保たれていたほうが、リラックスできる傾向があり、交渉空間は比較的広いほうがよいといわれています。

■窓を背にする意味とは

1～2メートルという交渉に適した距離とは、ちょうど相手の表情が読み取れるぎりぎりの範囲なのです。目は口ほどに物をいうという言葉がある通り、交渉では相手の目や表情を見ながら進めて少しずつ信頼関係を築き、問題を解決していきます。

信頼関係が築けるとどんどん距離は縮まっていくのが一般的ですが、問題を追及したい場合などでは、意図的に自分の表情を読ませない方法があります。

それは、窓を背にして座ることです。

交渉相手は外からの光のせいでこちらの表情が見えづらくなるだけでなく、常に眩しさを感じることで圧迫感や緊張感にさらされることになります。

取り調べなどでよく活用される方法ですが、利益争奪型においてもよく用いられています。

交渉相手が不快に感じる服装はやめる

服装は私たちが無意識のうちに交渉相手に発信しているメッセージの1つです。信頼関係を構築するうえで、服装も上手に使えば相手に好印象を与えることができ、交渉もスムーズに進むきっかけとなります。

■交渉に適した服装というのがある

一見、難航が予想される示談交渉なども交渉相手との信頼関係が築けていれば、意外にスムーズに進んでいくケースがあります。だからこそ、無意識のうちに自ら信頼関係を壊すような行為は慎みたいところですが、**私たちは無意識のうちに相手のイメージを損ねるメッセージを発信している場合があるのです。**

それが外見です。竹内一郎氏の『人は見た目が9割』（新潮新書）という著書が話題になりましたが、人間が第一印象を決定づけるうえで、外見の役割は少なくないと考えられます。外見力を上げるのは才能ではありません。技術です。

交渉相手と会う前にちょっと注意をすればいい問題ですから、もっと自分の服装に気を配りましょう。特に注意したいポイントは、「服装」「髪型」「靴」などです。

■基本は清潔感のある服装を心がける

まず服装ですが、清潔感のある服装を心がけるということです。

ヨレヨレのスーツや身体に合っていないブカブカのスーツなどでは相手に対して「この人大丈夫かな?」という不安な印象を与えてしまいます。また、スーツの場合は色も重要です。スーツの色の基本は「濃紺」と「チャコールグレー」です。濃紺は「誠実さ、精悍《せいかん》さ」をイメージさせ、チャコールグレーは、「落ち着きや余裕」をイメージさせ、いずれも信頼関係を築くために適した色といえるでしょう。

柄は無地かストライプを選びます。日本人は黒が大好きで黒をスーツの色に選ぶ人も多いのですが、交渉で黒は相手に威圧感を与えてしまうので避けたほうがよいかもしれません。

一方シャツは白が定番です。色をつけるとしても白に近い薄い色を選ぶのがよいかもしれません。ネクタイの色は紺が年齢を問わず相手に対して信頼感を与える色といわれています。柄は小さければ小さいほど相手に対して落ち着いたイメージを与えるようです。

髪型は清潔感のある整った印象になるように心がけましょう。人気のフワフワした髪型だと相手に対して落ち着きのない印象を与えてしまいます。耳にかからず、襟足が短く揃っており、額がすっきり見える髪型を目指すのがベストです。

靴は黒やこげ茶が定番です。また自分のにおいについては、鈍感になりがちですが、こまめな入浴と口臭予防のタブレットなどを使い交渉相手に不快なイメージを与えないようにしましょう。

交渉では静かで落ち着いた声が信用される

できる交渉人というと早口でまくしたてる人が多いイメージがあります。確かに早口で話すと説得力が増す効果があります。しかし、その効果は一時的なものが多く、交渉においては不向きですらあるのです。

■話すスピードが速いのがよいとは限らない

話し方は交渉における重要な戦略ツールの1つです。内容はたいしたことではなくても話すスピードや間、抑揚のつけかたで自分の発言に説得力が増すのです。話し方を交渉に生かさない手はありません。

交渉においては、昔から早口でよどみなく話すことが優秀な交渉人の条件だと信じられてきました。その理由は、相手の発言を封じ込め、自分の意見に話を傾けさせる効果があるからです。

たとえば、ニュース原稿を読む場合、1分間に350字、原稿用紙約1枚分が一般的な話すスピードだといわれています。しかし、説得力のある演説で有名だった小泉純一郎元首相の場合は1分間に600字から700字のスピードで演説していました。一方、通販番組で有名なジャパネットたかたの髙田明社長も1分間に700字のスピードで話しています。ある調査によると、振り込め詐欺の話すスピードも1分間700字程度だといわれています。つまり、話すスピードが速いと善悪は別として、相手に行動を促すだけの説得力を生じさせる効果があるということです。

ただし、それは一時的なものです。交渉相手が冷静になって内容を吟味《ぎんみ》した結果、納得できない箇所があれば、取り返しのつかない大きな問題になってしまうかもしれません。それでは交渉する意味がありません。

■交渉では落ち着いた声がいい

交渉相手は敵ではなく、自分のパートナーです。

ですので、相手を説得するためにまくしたてる必要はなく、相手に交渉内容を理解してもらうつもりで話すことが必要なのです。

特に交渉の最中は感情的になり早口になりがちなので、意識的にゆっくりと話すぐらいの気持ちでいるとよいでしょう。

もちろん、大声を出す必要もありません。大声で話すと説得力を増す効果がありますが、効果は一時的なものです。それよりも相手に交渉内容を理解してもらうために誠実さををアピールし、ゆっくり、ハッキリと話したほうが交渉においてはメリットがあるのです。

声のトーンは自分が普通に話しているときよりもちょっと低めで話します。交渉相手の気持ちを理解し、気持ちをなだめるような声で話すことが肝心です。

そうして穏やかに話しているとお互いの緊張緩和にも効果があるのです。

交渉を複雑化しないために人数に気をつける

利害関係を複雑にしないためにも交渉における人数は必要最小限度にとどめておくことが重要です。必要最小限にメンバーをとどめておくためには、交渉の際の役割分担をきちんと決めておくことが必要になります。

■交渉に関わる人数は必要最小限度でいい

交渉は利害対立を解消するための手続きです。そのため交渉に多くの人が関われば関わるほど、利害関係が複雑になっていきます。

そして、交渉に関わったすべての人が満足するような合意にはなかなか到達しにくくなります。

つまり、自分たちの交渉に関わる人は最小限度にとどめておく必要があります。

ところが、企業合併交渉など案件の規模が大きくなり、関わる人数も多くなると、どうしても交渉に関わる人が多くなりがちです。

そうならないように、普段から交渉の役割分担を決めておくことをオススメします。

交渉を行うときは、基本的に次の3人がいればよいとされています。①交渉における決定権を持っている「リーダー（交渉責任者）」、②交渉について事実関係などについて把握しており交渉の状況を記録する「記録係（交渉記録担当者）」、③交渉を行う「交渉人（主要交渉担当者）」の3人です。

多くのビジネスシーンにおいては、これら3人の役割を基本的には1人でこなさなくてはいけませんが、多くてもこの3人ぐらいに留めておくのが無難でしょう。

■相手側の人数に合わせる必要はない

交渉に参加する人数は、相手チームの人数に合わせてこちらの参加人数を決定するという方法がさまざまな会社で採用されているようです。

　ところが、関係会社の人やコンサルタント会社の人、取引銀行の人などさまざまな利害関係者が交渉に臨むと利害関係が複雑になります。数は力と考えられているのかもしれませんが、前述のように交渉における役割は多くて3つぐらいしかないので大人数で交渉してもあまり効果的とはいえません。

　なので、なるべく少数精鋭で交渉に臨んだほうがよいでしょう。交渉相手の企業が多くの参加者を出席させるからといって、こちらも人数を合わせるといった無駄なことはしないほうが賢明な選択だと思います。

第5章
交渉のための段取り術

まず交渉相手をしっかりと交渉のテーブルにつかせる

交渉の目的も段取りもまったく考えずに交渉に臨んでも、得られる果実は非常に少ないといわざるを得ません。

また、交渉も暗礁に乗り上げてしまい、双方にとってメリットが少なくなります。交渉目的と段取りはきちんと決めましょう。

■交渉におけるアンカリング効果の活用

アンカリング効果とは、船が錨《いかり》（アンカー）を下ろすと、錨と船を結ぶアンカーロープの範囲しか動けないことからくる心理効果のことです。最初に印象に残った数字やモノが、その後の判断に影響し続ける状態を比喩的に表したものです。

交渉では問題を細分化して、その細分化された問題を1つずつ解消し積み重ねるという作業を行います。そのため、問題を特定しないで交渉に臨むと、何1つ解決できていない状態に陥る可能性もあります。だからこそ、まず何のための交渉なのかをきちんと明らかにすることが大切です。

商品のための価格交渉なのか、それとも労使間の待遇改善交渉なのか、商品の購入契約を取り付けるための営業交渉なのか、何について交渉をするのかという交渉の目的を具体的に表明しておく必要があります。

交渉目的をこちらから表明することで、交渉相手の判断に常にこちらの交渉目的や金額などを影響させ続ける状態をつくることを交渉におけるアンカリング効果といいます。

■交渉目的を明確にすれば怖くない

何について交渉するか定まっていないのに、とにかく相手にひと言物申す的な交渉に入ろうとする相手に対してはこのアンカリング効果が非常によく効きます。

最初の相手からのオファーも自分の想定した交渉範囲よりもかなり有利な条件を提示されることも少なくありません。そして、きちんと交渉目的を明確にしておけば、終始自分のペースで進めることが可能になるのです。

交渉相手を交渉のテーブルにつかせるというのは、双方が何について交渉するか共有できた状態をいいます。交渉の目的が相手に伝わっていなければ、思いもよらない方向に話が飛んで行って、自分が予期しない交渉結果になってしまうことも少なくありません。

特にクレーム処理の交渉など自分の立場が客観的に見て弱い場合、不用意な謝罪を行って、予期せぬ要求をされてしまう人も多いのですが、交渉目的を明確にして、それに対する段取りをきちんと考えておけば、交渉のアンカリング効果が働いて、どんなに相手がヤクザみたいな人であっても、たとえ脅されたとしても話があらぬ方向に飛ぶということはないのです。

交渉内容が四方八方に飛び、交渉が暗礁に乗り上げないように、事前に交渉目的を明確にして、段取りを考えておくことは非常に重要なのです。

交渉の段取りの基本は３ステップ

成功する交渉にはきちんとした段取りがあります。ただやみくもに交渉を進めても、交渉は有利に展開しません。交渉目的の確認の後、実際に交渉を行い、それが終了すれば合意事項について確認する。この3ステップで交渉を成功させます。

■成功する交渉段取り術

交渉を問題解決型へ持っていくためには、きちんとした段取りが必要です。お互いにいいたい放題では、交渉は利益争奪型になってしまいます。表面には出てこないお互いの背後にある利害に注目し、その利害を解消するための解決策をお互いに考えることが大切です。

交渉は次の3つの交渉のプロセスを経て合意形成にいたるのが一般的です。

第1ステップは「交渉目的の説明」です。

これは英語でオープニング・ステートメントといわれています。ここでは、前述した紙に書いたアジェンダ（検討課題）などを参照しながら、まず交渉の目的から説明します。

そして、どういう経緯や意図で交渉にいたったか、課題に関連する情報、自分の所見などを説明します。そして最後にこの交渉で何を得たいのかという自分の希望や要望をお互いに交渉相手に説明します。

この段階できちんと自分の主張を表明することで後々の交渉をスムーズにする効果があります。ですので、はっきりと率直に目的を確認することが重要です。

■合意事項に関する行動計画も確認する

第2ステップは「交渉」の段階です。

ここでは相手の態度や言葉に惑わされずに、相手がこの交渉に対してどういう見解を持っているのか、そして相手のニーズは何かという相手の立場を探り、真の利害を明らかにします。

自分と相手の利害が明らかになったら、自分が用意してきたオプション（選択肢）を提案して、妥協点を探り合います。そして最終的にお互いが納得できる合意点を探します。お互いが納得できる合意点が見出せなければ、ＢＡＴＮＡによって代案を探すことになります。

■相手の立場と利害を把握する

第3ステップは「合意事項の確認」の段階です。

合意に達した事項について、お互いに確認する段階です。このとき合意事項に関して契約書を交わすこともあります。この段階では合意事項の確認だけではなく、合意事項に関する行動計画も確認しておくことが必要です。

いつ、どのような方法で合意事項が実行されるかをお互いに確認しておきましょう。次ページからは、「交渉目的の説明」「交渉」「合意事項の確認」について具体的な事例をもとに説明していきます。

第1ステップ「交渉目的の説明」とは

交渉ではお互いに交渉の目的と自分の希望を相手に説明します。

価格交渉では、最初に相手に説明させたほうが、有利な条件を引き出せることもあります。

この段階では相手の意図や利害を把握するにとどめ性急な判断はやめましょう。

■スーツの価格交渉の場合

交渉目的の説明（オープニング・ステートメント）では、交渉相手に対して次の3つを説明します。①交渉の目的、②交渉にいたった背景、課題に関する情報、自分の所見、③自分の希望や要望です。

たとえば、卸売業者A社のスーツ（卸売価格1着3万円）を1000着購入予定のスーパーBとの価格交渉のケースです。仮にあなたがスーパーBのバイヤーの立場であれば、オープニング・ステートメントは次のようになります。

①交渉の目的は「A社のスーツを1000着購入したいが価格を1着当たり2万5000円に抑えたい」。

②交渉にいたった背景、課題に関する情報、自分の所見は、「毎年恒例の春の新社会人向け大セールの業者協賛商品として購入したい。ただ予算が非常に少なくて1着当たり2万5000円までしか出せない」。

③自分の希望や要望は「1着あたり2万5000円で購入したい」ということでしょう。

もしこの交渉案件がA社の許容範囲内にあれば、応じてくれるかもしれません。しかし、許容範囲を超えていたり、もっと高く売りたいと思っていたりすれば、具体的な交渉に移ることになります。

すでにあなたは、利害リストとBATNAをつくっていると仮定します。BATNAは2万6000円で購入できない場合は交渉をやめるということです。

利害リストで妥協できる点は、希望価格で購入できたら、追加注文をする。妥協できない点はBATNA以上の価格を提示されことです。

■相手が当初の価格に固執してきたら……

「このスーツはカシミアが30%入っていて大手デパートでは定価6万円で売っており、卸売価格で3万円は破格の値段だと思いますよ」

このように価格交渉では、自分がオープニング・ステートメントを説明する前に相手から先に説明される場合もあります。

とはいえ、相手の提供している情報はすべてが正しい情報ではない可能性も高いので、必ず事前に情報をチェックして相手の提供している情報の裏取りをする必要があります。

主要販売店などはWebなどで十分調べられますし、実際にデパートに行って事前に調べることもできます。

たとえば「本当にいい生地でとてもいい製品ですね。でも、このスーツは本当に6万円で売られているんでしょうか？　ちょっとデザインが古い感じもします。この柄は昨年流行ったデザインだから4万円ぐらいで販売していてもよい気がしますし。

　このように、なぜ極端な価格の提案をするのか具体的な説明や客観的な情報を求めるようにします。そして性急に解決策を提案する前に相手の状況や置かれている立場をよく理解する必要もあります。

第2ステップ「交渉①」～相手の立場と利害を把握する～とは

交渉は大きく分けて2つの段階があります。

1つは相手の立場と利害を把握する段階。もう1つは相手とオプション（選択肢）を相談する段階です。

ここでは相手の立場と利害を把握するための交渉について話していきましょう。

■相手の立場と利害に注目する

交渉では相手の立場と利害を早く正確に読み取ったほうが有利に進めることができます。

立場とは表面的な利害のことです。前述したスーツの価格交渉でのA社の担当者の表面的な立場は、「3万円という価格に固執していること」です。

しかしながら、事前の市場調査などで3万円という価格は妥当でないことをバイヤーのあなたは知っています。では、なぜA社の担当者はその価格にこだわるのか？　その理由を正確に読み取ることが必要になります。

たとえば「上司から絶対に3万円で売ってこいといわれている」のか、「会社的に値下げはしない方針になった」のか、「個人的ノルマの目標が達成できないために、3万円にこだわっている」のかどうかを読み解きます。

そして次の段階では、A社の利害を読み解きます。ここでいう利害とは3万円に固執することよりももっと広範囲で緊急度の高い利害です。

たとえば、「年内中に売り上げを立てないとまずい」のか、「早く現金が欲しい」のか、「デザインが流行のものだったので早く在庫をなくしたい」などA社の担当者の話ではなく全社的な事情について状況を類推します。この場合は価格交渉なので金銭的な制約なのか、時間的な制約なのかどちらかになる場合が多いでしょう。

■相手の利害を知るには質問が必要になる

交渉相手の利害なんて正確に読み解くことはできないと考えている方も多いかもしれません。しかし、事前の情報の調査と交渉相手への質問によって相手の利害関係がかなり具体的に理解できます。

たとえば、スーツの価格交渉のような取引の場合、業界内でA社と同じような規模の会社であれば、だいたいどこも同じような事情を抱えているのが一般的です。

ただし、本当にその事情のせいかどうかはわからないので、その裏取りのために質問をする必要があるのです。

たとえば、「この契約が決まったら、売上が立って○○さんも安心ですよね」とか、「この時期はどこも資金繰りが大変ですよね」というように会話を展開していきます。

これは「クローズドクエスチョン」といって「イエス」か「ノー」で答えるだけなので信頼関係が築けていない状態でも比較的簡単に答えやすい質問の仕方です。

自分が調べたことについて「イエス」か「ノー」で答えられる質問を投げかけると、自分が調べたことの裏が取れるだけでなく、同時に信頼関係も構築できるので便利です。

第2ステップ「交渉②」～オプションを話し合う～とは

相手の立場と利害が明らかになったら具体的なオプション（選択肢）を交渉する段階になります。

ここでは、相手の反応を確かめつつ、交渉を続けるための方法を紹介します。

■双方の立場に固執しない提案をする

オプション（選択肢）を話し合うためには、双方の立場に固執しないことが大前提になります。そのためには、交渉相手がもっと広い視点で交渉全体の利害を見ることを提案しなければなりません。

たとえば、スーツの価格交渉の場合、「3万円で売る」という立場について交渉するのではなく「在庫を整理する」「早く現金化する」「全社的な売上目標」というA社の全社的な利害に担当者の目を向けさせるということです。

相手にもっと大きな利益に目を向けさせるには、自分の提案は私的な提案ではなく、客観的な基準を用いた意見であることを相手に認めてもらうことが必要です。

たとえば、次のようなイメージになります。

「A社さん。私もいろいろなところで調べて、実際に御社の商品が納入されているXデパートにも出向いて調べたのですが、定価6万円という価格ではこのスーツはどうもあまり売れていないようです。柄は昨年流行ったものですし、このスーツは、恐らくスーツの需要が伸びる春でもなかなか売れ行きが見込めないと考えられます。

しかし、セール品であれば、デザイン的な問題もクリアできますし、私たちも頑張って定価を3万円に設定しますので、1000着ぐらいは確実に販売できると思います。A社さんの商品はいつも素晴らしいので、私は新しい商品で勝負をかけたいと思っています。

もちろん、A社さんが商談に来られた際は、ぜひ協力させていただきます。ですので、やはり今回は、当初説明した通り購入価格を2万5000円という条件にしたいのですがいかがですか？」

■粘り強く双方の合意点を探す

それでも相手はこちらの提案を拒否した場合、さらに争点となっている問題点を絞って交渉をする必要があります。交渉がまとまらない場合、休憩を入れたりして頭を冷やすという方法もあります。交渉に際しては、なぜ相手の提案に応じられないのか論理的に自分の主張を展開します。さらに相手の苦しい立場については共感していることも話してもいいでしょう。そして最後にもう一度、自分の意見や希望を相手に伝えます。

スーツの価格交渉の場合、自分のＢＡＴＮＡは2万6000円に設定されているため、その価格まで購入価格を譲歩することはできます。

しかし、最初に提示した金額の2万5000円がいかに熟慮した結果だったのかを相手に考えてもらえるように価格の内訳を細かく提示する必要があります。

第３ステップ「合意事項の確認」とは

交渉がまとまっただけでは交渉は終わりません。

合意事項について交渉当事者が合意事項を１つずつ確認し、誤解があれば誤解を解き、書面にしてサインをすることではじめて交渉が終了するのです。ここでは合意事項の確認について説明します。

■交渉の最後には合意事項を再度確認する

交渉が合意点に達したら、最終的に合意事項と行動計画について互いに確認します。交渉が終わった後に１つ１つ合意事項についてきちんと誤解のないように確認しておかないと、また改めて交渉を行わなければならなくなります。

合意事項の確認は次のようなものです。

「お互いの合意点をここでもう一度確認したいと思います。スーツの卸売価格は1着あたり2万6000円で1000着購入することで合意しました。またスーツの注文とは別に、ワイシャツを1着3000円で1000着購入します。この内容でよろしいでしょうか？　これからも末永くよろしくお願いいたします」

合意事項の確認は、ホワイトボードなどを使って書き出すのが一般的です。英語での交渉の場合、数字関係に勘違いが多いので気をつけましょう。

合意する内容は、お互いの合意がどのように実行されるのか、どんな責任が発生するのかというように、誰によって、いつ、どのように、何がなされるのかという5W1Hを確認しておきます。特に重要な問題はすべて書面で行うことにしてください。

合意事項を書面で残すことを交渉相手が嫌がっている場合は、会議の議事録などとして書面化しておくこともよいでしょう。

合意事項が明確になったら合意事項を書面にして、交渉当事者が合意書にサインをします。

すべての合意事項が決まったら契約書のドラフト（契約文は入っているが日付などが入っていない契約書）を作成するように会社の法務部や弁護士などに依頼するのもよいでしょう。

■「誠実に対応」と契約書に書いても無意味

契約書には合意した事項を履行しない場合、誰がいつどうやって解決するかも盛り込みます。

たとえば、前述のスーツの仕入でいうと、「買主が契約書通りに売買代金を支払わない場合は、スーツは1着3万円とし、買主は1週間以内に支払わなければならない」といった事項です。

ところが多くの日本人は、契約書に契約不履行についての細かい規定を定めるのを嫌がります。一般的な契約書は、「疑義が生じたときには、甲乙が誠意を持って協議の上、対応する」という条項が入るぐらいです。

しかし、これは何も決めていないのと同じです。**契約が間違って行われた場合、不測の事**

態が生じた場合の項目も入れておいたほうが、いざ問題が起きたときに迅速に処理することができますし、交渉相手に対して契約に対するコミットメントの強さをアピールすることができます。

第6章

相手の信頼を得る交渉のテクニック

最初に交渉相手との信頼関係を築くことに専念をする

交渉の目的を明らかにして、段取りを完璧に考えても交渉相手と信頼関係を築けなければ、その交渉は失敗に終わる可能性が高いといえます。

その理由は、人間は感情の動物だということです。ここでは交渉における信頼関係について紹介します。

■小さなズレをなくし交渉の成功率を上げる

交渉が不調に終わるのは、交渉相手が提示した条件が、こちらの想定したものとズレていて、そのまま双方が問題解決の道を選択しなかった場合に起こります。

この場合、交渉では解決が難しいぐらいの大きなズレがあるケースもあるでしょうし、お互いがちょっと協力すれば、成功する小さなズレのケースもあるでしょう。

双方の提案が大きくズレている場合は、事前の調査があまりにも足りなかった場合に起きる現象です。相手の置かれている状況や相手の考えていることを調べ足りなければ、オプション（選択肢）の出しようもありません。しかし、これは事前調査で努力すれば解決することです。

問題は、お互いが協力し合わなかったばかりに交渉が不調に終わるケースです。意見のすり合わせが足りなかった、お互いの考え方に相違があったなどさまざまなケースが考えられますが、**交渉が不調に終わる主な原因は当事者間の信頼関係の構築が不十分というのが事実です。**

ところが、交渉で信頼関係を構築するのは、私たち日本人にとって少なからず難しい部分も存在します。というのは、私たちが相手を信用するとか信頼する場合、利害対立のない人間関係が大前提になるからです。

たとえば、私たちが「私はAさんを信用する。なぜならAさんは、絶対に裏切らないからだ」という場合、そのAさんは、常に自分の味方でなければなりません。

いつ裏切るかわからない相手と信頼関係を築くことに私たちは慣れていないのです。では、どのようにしたらいつ裏切るかわからない相手と信頼関係を結ぶことができるのでしょうか？

■共通の利害だけでなく、感情にも注目する

共通の利害を持って交渉を行えば、問題を解決できる可能性が高くなり、交渉の成功率も上がります。しかし、それだけでは、交渉において小さなズレが生じたときに問題解決ができるかどうかはわかりません。

では、どうしたらよいでしょうか？

小さなズレが生じたときにも問題解決ができるようにするためには、相手の感情も理解しておくことが大切です。なぜならば人間は感情の動物だからです。

それが大きな利益を生むといくら頭で理解していたとしても、感情で納得できなければ、問題解決をする気にならないからです。

しかし、その一方で、あまり利益が見込めないと思っていても、情に訴えられたりしたら、すんなりと問題解決に協力するということもあるのです。

相手の価値観を理解する

共通の利害を模索するだけではなく、交渉においては交渉相手の感情をつかむことも重要です。私たちの感情の源泉になっているのがその人の拠って立つところの価値観やアイデンティティです。ここでは相手の価値観の理解の方法を紹介します。

■その人の価値観やアイデンティティを知る

ここで唐突ですが質問です。あなたが「相手のことを知っている」という場合、何について知っていることが「相手を知っている」ことになるのでしょうか？　少し考えてみてください。その人の「好物」「誕生日」「性格」でしょうか。

もちろん、そういった個人の情報も含まれますが、さらに深い情報も必要になってきます。ある心理学の調査によれば、「相手を知らない」という境界線と「相手を知っている」という境界線は、その人の個人的な関心事や価値観、アイデンティティを知っているかどうかで決まるといわれています。

　つまり、この人は「剛毅《ごうき》な性格で寛大である」「人あたりがよくとても優しい」「物静かで地味な人」という占いでありがちな評価だけでは不十分です。究極のところそのような情報だけでは、その人を知らないのと同じなのです。

　その人の価値観やアイデンティティからはその人の行動パターンを類推することはできますが、占いの結果のような表面的な情報をもとに、交渉の戦略を練ると手痛い目に遭ってしまいます。

　なぜならば、価値観やアイデンティティが理解できなければ、相手の行動が不可解に映ってしまい、相手の考えていることが把握できずに交渉の戦略の判断を誤る可能性があるからです。しかし、価値観やアイデンティティが理解できれば、交渉相手の行動の裏にある意味も理解できるようになりますし、交渉相手の考え方も行動規範もある程度、予想することができます。

　さらに、その人の話の進め方も理解できるため交渉もスムーズに進めることができます。

このように交渉相手の価値観やアイデンティティを知ることは、交渉相手との信頼関係を築くうえで重要なことなのです。

■その人がどうありたいかを知る

たとえば、相手がどういう人物になりたいのか、どうありたいのかというのは非常に重要な情報です。もし、交渉相手が先輩風を吹かしたい、または器量人を気取りたいという人間であれば、土壇場で情に訴えるという方法は非常に有効になってきます。

一方で常に自分の言動や行動に自信がなく、絶えず相手の意見を求めていたいという人は、その人にとっての解決策というオブラートで包みながらその裏で自分の提案を行うという方法が有効になります。

このように交渉相手の価値観、アイデンティティを知るのは交渉戦略を考えるうえで非常に有効です。

では、交渉相手の価値観やアイデンティティを知るには一体どうしたらよいのでしょうか？　1つは質問をすることです。相手と親密な関係を築くためには、価値観や生きるための意味などに関わる質問をすればわかります。

もちろん、交渉中にそれらの質問をすることはできませんから、ランチタイムやブレイクタイム（休憩時間）に質問をするというのもよいでしょう。

相手の価値観はこんなところに表現される

日常生活の何気ないところでも交渉相手の価値観やアイデンティティの手がかりを得ることができます。１つの手がかりだけで相手はこういう人物だと断じるのはもってのほかですが、価値観を知る手がかりにはなります。

■書棚は価値観の宝庫

交渉相手の価値観やアイデンティティを探る手っ取り早い方法は、相手の部屋を見ることです。

現実問題として交渉相手の部屋に伺う機会はあまりないでしょう。

では、部屋以外に相手の価値観やアイデンティティを知る方法はどんなものがあるでしょうか？　わかりやすいのは、相手がどんな本が好きなのかということを探ることです。その人の好きな本を見ると、自分はこうなりたい、こういう人物を目指しているということが投影されているケースがあります。

そして、その本のロジックに沿って、その人の行動規範がつくられている可能性が高いからです。営業などでは、よく社長の書棚を見て相手の嗜好をつかめという教えがありますが、まさに相手の書棚を見るのは、相手の考え方そのものを探る行為でもあるのです。

交渉場所が相手の事務所であったり、部屋であったりした場合には、相手の価値観やアイデンティティを調べる絶好の機会であると思うことが大切です。

■本以外で価値観を知る

本以外でも交渉相手の価値観やアイデンティティを知ることはできます。身の周りのもの、カバン、手帳、携帯ストラップ、ペンなどにも価値観やアイデンティティのメッセージが含まれています。

たとえば、その会社の社員でもないのに、ある有名な自動車会社のロゴが入った携帯ストラップを使っている人がいたら、その自動車会社のポリシーや企業理念に共感している人かもしれません。

また、金色の携帯電話を使っている人は、占いや風水が好きなのかもしれません。昔から金色を持つというのはお金持ちになるという縁起のよさの象徴でもあります。

そんな単純な理由だけではなく、何か超自然的なものにすがりたいという一面も持っているなどということが伺い知ることができます。何かに頼りたいという価値観やアイデンティティを持っているということは交渉における決断の際に、大きな影響力を与える可能性があるということです。

一方、携帯電話をその他のアイテムの色を統一している人は、自分の生き方について統一感や一貫性を求めている人であるということがわかります。もちろん、そうしたことも交渉に大きな影響を与えるのです。

信頼できる人間とはどういう人間か？

条件付きで相手を信頼するというのは、もしかしたら裏切られるということに常におびえなくてはならず難しい気もします。

しかし、相手の価値観やアイデンティティを知ることで、その不安の大部分は解消されるのです。

■価値観がわかれば不安はなくなる

交渉相手の価値観やアイデンティティがわかると、相手の気持ちをくみ取ることができ、どういう行動が相手にとって快適なのか、または不快なのかがわかります。

前述のように交渉相手に関するさまざまな情報を徹底的に収集すると、交渉相手をお釈迦様の手のひらに乗せられている孫悟空のような状態にすることができます。

自分がシミュレーションできる想定範囲に相手の考え方や行動を収めることができるので、交渉相手を条件付きで信頼しても不安に陥ることはありません。

万が一、交渉に際して相手がどう出てくるのか不安だという不安が払拭できないときには、気が済むまで相手のことを調べることをオススメします。といっても、ストーカーになれとけしかけているわけではありません。

私たちが知らなくてはいけないのは、交渉の相手の具体的な行動ではなく、価値観やアイデンティティです。交渉相手の具体的な行動から、相手がどういう価値観やアイデンティティを持っているのかを予想するのは意味がありますが、探偵を雇って相手の日常行動を観察してもあんまり意味はないのです。

なぜならば、状況は刻一刻と変化しており、その状況に対する交渉相手の行動を調べても交渉にはあまり役に立たないからです。

■交渉の現場で取得する情報も多い

ただし、事前情報だけで相手の価値観やアイデンティティを知るのは難しい部分もあります。ですので、実際に相手と会って相手の価値観やアイデンティティを知る必要があります。もし、実際の交渉の前に相手と会うことができるのであれば事前に会っておくというのも必要だと思います。

事前に会うことができなければ、交渉の現場で情報収集をするしかありません。事前に予測していた相手の雰囲気と実際に会ってみた相手の雰囲気の違い、相手の表情や声といった表面的な情報だけではなく、こちらの質問に対してどういう答え方をするのかといったことも考慮に入れておくべきでしょう。

ポイントは事前の交渉相手を調査の情報に縛られない、先入観を持たないということです。相手に対する先入観を持ったまま交渉することは、立場や価値観によって交渉することになってしまうので、自ら交渉の範囲を狭める結果になります。

事前に調査した情報の信頼性は50％、実際に会って感じた情報の信頼性は50％ぐらいに心の中で考えておけば、先入観に陥らずに済むでしょう。

相手の価値観をどうやって交渉戦略に生かすか

交渉相手の価値観やアイデンティティを理解したら、それを交渉戦略に生かしましょう。相手の価値観やアイデンティティは戦略全体の方向性を決める上で重要であるばかりでなく、自分が交渉にどういう役割で臨むかを考えるヒントにもなります。

■交渉戦略の方向性がわかる

交渉相手の価値観やアイデンティティがわかると具体的に交渉戦略にどう影響を与えるのでしょうか？

まず、全体的な交渉戦略が立てやすくなり、利害リストの優先順位も考えやすくなるということです。たとえば、「自分はすごい人物である」という妄想を信じて疑わない自信過剰型志向の人は、価格交渉において最初は強気で攻めてくるかもしれません。そこで、こちらは、彼の価格の根拠を客観的データをもとに崩し、市場価格になんとか落ち着かせようとする作戦を取ろうと考えることができます。

また、交渉相手の利害リストは、価格の優先順位が高いかもしれませんが、交渉相手の自尊心をくすぐることで、価格よりもアフターサービスをつけるオプション（選択肢）を用意することで、この交渉を終わらせることができるかもしれないなどと仮説を立てることもできます。

こうした人物のプロファイリングによって導き出される仮説のほかに、もともと収集していた事前調査資料を重ね合わせることによってさらに詳しい人物像が明らかになります。そうして、**プロファイリングした人物像をもとに自分が演じる役割を演出できれば、交渉の成功率はさらに高まります。**

■交渉相手が期待した役割を演じる

たとえば、価格交渉の場合、交渉相手が自信過剰型志向で、何よりも勝ちにこだわっているタイプであれば、進んで「やられ役」を演じます。

あたかも交渉相手にやられているような雰囲気で価格を自分が設定した範囲に近づけていきます。そうすると、相手はいい気分になって、あなたの望んだ通りに交渉が落ち着く場合が多いのです。

これと同様に悩みを持っている人に対してはカウンセラーやコーチの役割、自分より年齢やステータスが上の人と交渉する場合は、何もわからない駆け出しの新米社員の役割、決断力が鈍く、迷っている人に対しては問題解決を促すメンターの役割を演じることもあるかもしれません。

交渉を相手の役割が決まっている、1つの舞台と見立てると、交渉戦略はこれから演じる舞台のシナリオになります。そこへどう演出を加えるかは、あなた次第ですが、交渉相手に対して対立を促すような役割ではなく、協調を促せるような役割を設定することが大切です。

交渉相手をプロファイリングする（自信過剰型志向）

交渉において人間の性格は自信過剰型志向と自信喪失型志向の2つのタイプに分けられると紹介しました。ここではそれらの2つのタイプがどのような価値観を持っているかを紹介します。

■自信過剰型志向は最初が肝心

利益争奪型交渉が好きな自信過剰型志向の人は、一般的に誰に対してもよく見られたい、褒められたい意識が強い人といえるでしょう。負けず嫌いで上昇志向が強いというのも特徴的です。

猜疑心《さいぎしん》が強く、批評精神が旺盛なので相手の能力をなかなか認めたがらないという一面も持っています。そのため、自信過剰型志向の人と信頼関係を築くためには、一目置かれることが必要です。

まずファーストインプレッションは非常に重要です。自分は侮れない相手であるということを交渉相手に印象付けることが必要です。

そのためには、躊躇せずに、毅然とした態度でこちらの要求をきちんと相手に伝えます。結論は何か、この交渉の要点は何かをきちんと話したうえで、一歩も引かないという気概で臨んでいる姿勢をアピールしましょう。

自信過剰型志向の交渉相手に、オロオロとした自信のない態度を取ることは禁物です。この人は自信のない人だと見抜かれた瞬間に、高圧的な態度で交渉を進められてしまいます。侮りやすいタイプだと思われないように用意周到に交渉の準備をしておくことが大切です。

■自信過剰型志向の人は頼られたい

ただし、毅然とした態度を取るといっても相手の意見を常に突っぱねるという態度で交渉を続けてはいけません。ファーストインプレッションは、侮れない人間を演じるのがよいのですが、セカンドインプレッションは、相手に頼る姿勢で交渉を進めたほうが効果がある場合があります。

自信過剰型志向の人は、心の奥底では、「誰かに頼ってもらいたい」「認められたい」という願望が非常に強いので、最終的決定権を相手に委ねるという交渉戦略が非常によく効きます。

たとえば、「○○については、こう思うのですが、いかがですか?」「AとBがある私はAがいいと思います。いかがでしょうか?」などのように進めると交渉はうまくいきます。相手が高圧的な態度に出てくるからといって、こちらも喧嘩《けんか》腰で対応するのではなく、高圧的に出てくる部分をうまく受け流し、相手の志向に沿った交渉の展開方法を考えていったほうが、意外と楽に交渉がまとまったりするものです。

また、自信過剰型志向の人は、情にもろい一面も持っています。

いつも交渉で使えるとは限りませんが、相手に弱みをわざと見せることで、ときには情に訴える手法も活用できる相手であるということを覚えておきましょう。

交渉相手をプロファイリングする（自信喪失型志向）

自信喪失型志向の人は、優しさや物腰の柔らかさのあまりに周囲に合わせてしまうため、会社の方針や社内の人間関係などに影響される人が少なくありません。

何事も決断に時間がかかるタイプなので、じっくりと相手と向き合う必要があります。

■常にメンターを求めている自信喪失型志向

自信喪失型志向の人は自分軸を持っていない人が多く、たいていの場合、自信がありません。このタイプと信頼関係を築くためには、その人のメンターになってあげるという姿勢が必要です。

自信喪失型志向の人と交渉をしていると「私はどうしたらいいのでしょう？」と聞かれる

ことがあります。交渉相手はそれを戦略的に発言しているのではなく、単純に自信がないのでさまざまな意見を集めようとして発言しています。

やっかいなのは、自信喪失型志向の人は、相手に意見を求めている割には、すでに確固たる考え持っている場合が少なくないのが特徴です。だからこそ、交渉においては、本音、つまり「ぶっちゃけ話」をどれだけ引き出せるかによって交渉の成否が分かれるのです。

そのためには、交渉においては、メンターやコーチ的なスタンスに立ち、「あなたの進んでいる道は間違っていない」と勇気づけてあげながら、自分の意見を彼の方針に織り交ぜるように交渉するのがポイントです。

■カウンセラーになったつもりで接する

自信喪失型志向の人が持っている意見というのは、多くの場合、自分の意見ではありません。会社の都合だったり、会社の人間関係を重視した結果、偶然に出てきた交渉条件だったりします。関係重視型交渉を行う人が多いので人間関係を壊されることを恐れるがあまり、かたくなに自説を曲げないケースも多いのです。

このタイプは自ら決定権を持つ勇気がないのに頑固になることがあるので注意が必要です。無理にこちらの意見を通そうと思うのではなく、「こちらに行ったほうがあなたの立場としては有利になりますよ」という誘導型の交渉が効きます。

場合によっては交渉相手の障害になっている問題を解決してあげることも1つの手です。

自信がないために何度も同じことを確認されることもあるかもしれませんが、カウンセラーになったつもりで、対処してあげることが交渉相手と信頼関係を構築する第一歩になるのです。

相づちを打って相手の話に共感する

短時間で相手との信頼関係を構築するために、活用したいのが相づちです。相手の話に絶妙なタイミングで相づちを入れるとき、**相づちは相手の立場を認めて、相手の不満の感情を和らげる効果があります。**

■相づちは、相手を認めているサイン

ファーストインプレッションで「この人大丈夫かな……？」と相手に不信感を持ったときは、だいたい相手の話をうわの空で聞いていることが多いはずです。

相手の話に対して、要所要所で「ああ、そうなんですか」とか「そういうケースもありますね」とか「なるほどですね」などの相づちをきちんと入れると、この人は自分の話をきちんと聞いてくれている、つまり、自分を認めてくれる人だから安心ということになるのです。

ところが、うわの空で聞いていると、この人は自分のことしか考えていない不誠実なタイプであるとレッテルを貼られてしまいます。

相づちにはさまざまな種類があり、時と場合によって使い分けます。たとえば、「なるほど」という相づちは、相手のことをかなり強く肯定するときに使う場合が多いので、あまり多用すると、相手は逆に聞いていないんだなと感じてしまいます。

ですので、「なるほど」とは使わずに「へえ」とか「ほぉ」とか軽い肯定で話を進め、相手が特に強調する言葉が出たときに、「なるほど」を使うのがよいと思います。

■相手の言葉を繰り返して要約する

相手が使っている言葉を繰り返して要約すると、相手は聞いてもらっただけではなく、自分の話している内容も理解してもらえたと感じます。

相手を認めていますよというサインとして相づちと同様に有効です。

交渉相手と話していると必ず、相手が繰り返して使っているキーワードが2〜3個出てくるはずです。

たとえば、「時代が変化しなければならない」というキーワードを相手が使ってきたら、自分は「Ａさんがいっていることは、まさに時代が変化しなければならないということと同じですね」と相手のいっていることを要約して繰り返すのです。

相手のいっていることを相手の言葉で繰り返すのは、認識のズレを確認することにも役に立ちます。

交渉の最中に要所要所で相手がいっていることを相手の言葉で繰り返してあげることで、双方の誤解を減らすことにもつながります。

「うなずき」で相手の共感を得る

相づちと似ていますが、身体を使って相手のことを認めている表現をうなずきといいます。

うなずきも相づちと同じ効果があり、相手の話をうなずきとともに聞いていることで、会話がスムーズに進みます。

■相手を認める身体表現「うなずき」

うなずきのタイミングは、相づちとほとんど同様です。

「へえ〜」といって頭を上下に細かく動かすというのもよいと思いますし、「なるほど〜」というように深くうなずく方法もあります。

ポイントは相づちと同じですが、同じリズムで無機質にうなずいてばかりいると相手のことを馬鹿にしていると受け止められるので、注意が必要です。

うなずきにも相づちと同様に、いくつか種類があります。たとえば小さく小刻みに動くうなずきは、相手に対して、社交的で明るい印象を与えますが、その一方で、話をあまり聞いていない、話を急かされているという印象を与えます。

一方で、大きく深いうなずきは、相手に対して話を理解しているというサインになりますが、やり過ぎるとわざとらしい印象を与えてしまうので、気をつけたほうがいいでしょう。

うなずきを行うときには、少し身を乗り出すようにしてうなずきを入れると、相手は、自分の話に興味を持って聞いてくれているんだなと思ってくれるので、ぜひ実践してみましょう。

■うなずきは多過ぎると飽きられる

うなずきは、相手を認める身体表現の1つですが、あまり多用すると相手がわざとらしさを感じてしまうことがあります。

相手に不信の目で見られてしまっては、何のための表現なのかわかりません。

そこでうなずきを行うのは、交渉の冒頭部分、信頼関係がまだ構築されていないときに多用し、話がどんどん煮詰まってきたらあまりうなずきによる身体表現は使わないほうが、相手の話をじっくり聞き、ちゃんと考えているという無言のメッセージを相手に伝えることができます。

うなずきや相づちは、信頼関係構築を積極的に行う手段です。いったん、相手との信頼関係が構築できれば、うなずきや相づちなどの身体表現は、逆に不自然な印象を与えてしまうので、気をつけて活用しましょう。

第7章

相手の要求を知る質問テクニック

交渉中に相手の要求を探り出す

交渉相手に関する事前調査をしても、調べられることには限界があります。また、自分が調べたことはあくまでも仮説の域を出ることがありません。**実際の交渉の場面では、積極的に質問をすることで、相手の真意を探ることが必要です。**

■交渉で何について質問するか？

交渉での情報収集では、交渉相手の利害リスト（①「妥協できない点」②「妥協できる点」③「BATNA」）を質問によって探り出します。

交渉相手の利害リストは、交渉の事前調査によって、相手が置かれている状況や利害関係、価値観やアイデンティティなどからある程度類推することはできます。しかし、それらは仮説の域を出ません。交渉での情報収集では、仮説の域を出なかった交渉相手の利害リストを検証するつもりで質問を行います。

質問は次の要領で行っていきます。

まず相手の①「妥協できない点」を聞き出します。交渉において「妥協できない点」というのは、相手のこだわりの部分に相当します。質問によって比較的聞き出しやすい点でもあります。

「妥協できない点」について聞き出した後は、②「妥協できる点」を聞き出します。「妥協できる点」は、交渉相手があまりいいたがらない情報だと思います。

最後に③「ＢＡＴＮＡ」を探り出します。「ＢＡＴＮＡ」は最も相手がいいたがらない情報です。そのために、なかなか探り出すのが難しい情報でもあります。

■やみくもに質問しない

当たり前のことですが、やみくもに質問しても本当に得たい情報を得ることはできません。交渉相手に、「相手の弱みを探るために質問をしている」という形で質問意図を曲解されてしまうと、相手は口を閉ざして情報を提供してくれなくなる可能性もあります。

ですので、質問の前には、自分を信頼してもらえるような関係を構築しておくことが重要になります。

また交渉相手に遠慮するあまりに、気配りのための質問、聞いてみただけの質問を繰り返し、いつまで経っても真意を相手から聞き出せないというのも困りものです。このような質問を行っていると相手に不信感を抱かれる原因にもなります。ときにはズバッと相手の真意を質《ただ》すことも必要だと思います。

そのためには、質問を通じて人間関係を構築していくという観点が必要になってきます。それがアクティブリスニング（積極的聴取）と呼ばれる方法です。

アクティブリスニングを活用する

こちらの知りたい情報だけ質問をしていると、相手に不信感を抱かれてしまい、肝心な情報を聞き出すことができなくなってしまいます。

相手の立場を尊重しつつ、こちらの知りたい情報を聞き出すことが重要です。

■相手の気持ちを尊重して質問する

アクティブリスニングとは積極的に人の話に耳を傾けることをいい、傾聴のことをいいます。

傾聴とは相手を無視して自分の本当に聞きたい情報だけを聞き出そうという手法ではありません。むしろ相手が発している言葉以外の気持ちをも推し量って、話を聴くという姿勢です目の前にいる交渉相手は敵ではなく、一緒に問題を解決するためのパートナーです。問題解決に向けて協力してもらわなければ、困ります。

この質問で聞き出すのは主に相手の利害リストの中身です。

しかし、なぜそれを知りたいのかといえば、相手が気持よく交渉を進めるために必要なことだから知りたいのです。根掘り葉掘り聞くような相手の気分を害する質問では元も子もありません。

こちらの立場が弱いときに有効な質問方法

交渉では利害関係によって自分の立場が強かったり、弱かったりします。立場が強い場合は質問も簡単にできそうですが、立場が弱いと人間関係を重視する人はなかなか相手の真意を問い質すのが苦痛になります。

ところがアクティブリスニングは自分の立場が弱くてもできる質問形式なのです。

「〜でしょうか？」「私は〜と思います」「こう考えているのですがいかがですか？」

このように腰を低くして質問をすれば、突然怒り出す人は誰もいません。また、質問自体があまり嫌味に聞こえないというのも魅力です。

ある事例での質問を紹介しましょう。

中古車販売店で価格交渉をして、Aさんに中古車を販売することになりました。Aさんはお世話になっている人の紹介なので絶対に断ることができません。ところがAさんは相場価格をまったく無視した極端な価格を提示してきました。

「そんな価格では売れません!!」と突っぱねると関係がこじれてしまいそうです。

そこで、相手のメンツを潰さないように相手にもう一度考えてもらう質問がアクティブリスニングになります。

「私は、なるべくあなたに有利な条件で車を買っていただきたいと思っています。ところで、このモデルと形式で、走行距離がこれくらいだと市場価格はこれくらいなのはご存じですか？　なぜこんなに安い価格を提示するのでしょうか？」

交渉相手が何の交渉目的も持たず、市場価格も認識しないで交渉に臨む場合もよくあります。そうした場合は、この質問のように、客観的なデータをもとに具体的に質問すると、相手が提示している価格が現実的ではないということが相手にも理解できるようになります。

質問で相手の考えを推し量る

相手が重要だと思っていることやこだわりについて質問すると「妥協していいと思うこと」と「妥協できないこと」についてなんとなく判断できる場合があります。

ここではそのような相手の本音を聞き出す質問について紹介します。

■相手のこだわりの背景を知ろう

相手の主張（交渉の目的と自分の要望）に対して、その主張の背景を聞くと相手のこだわりの具体的な条件がわかります。たとえば、「中古車をできるだけ安く購入したいという相手の主張があります。ところがそれだけでは交渉のしようがありません。

「いくらで買いたいのか」「予算はどれくらいか」「予算以内でおさめたいのか、オーバーしてもいいからもっといい車を買いたいのか」「予算内の車がなければ新車でもいいのか」などさまざまな質問項目が考えられます。

相手が何を重要視しているのかわからなければ、問題解決はできません。しかし、それがわかれば後はその条件達成に向かって最短距離を歩めばいいわけです。

■相手のこだわり通りの交渉戦略を練る

たとえば、車を中古車販売店から購入するあるお客さんは、価格交渉ではいつも複数の中古車販売店の相見積を取って、その中で一番安く、オプションを最もつけてくれる中古車販売店を比較検討したうえで購入するといっていました。

このお客さんのこだわりはまさに「とにかくなるべく安く買いたい」ということでした。いくらで買いたいというこだわりもなく、市場価格からある程度割引されれば問題ないとのことでした。つまり交渉に「トクした感」「交渉に勝った感」を求めるお客さんです。

このようなお客さんであれば、交渉戦略は次のようになります。

あらかじめこちらが絶対損をしないBATNAを設けておき、そこに向かって少しずつ価格交渉を行う方法です。さらに最後の譲歩を迫る交渉に際して備えておければ完璧です。このように交渉相手にこだわりの条件を具体的に説明してもらうことで、相手の妥協点を明らかにらかにすることが可能になり、交渉の戦略も立てやすくなるのです。

しかし、お客さんの中には、価格が安ければいいという基準を持っているお客さんだけではなく、少し高くてもいいからアフターサービスが充実しているところがいいという人もいるかもしれません。

場合によっては新車でもいいと考えているお客さんもいるかもしれません。まず相手の望むところがわからなければ、交渉戦略は立てられません。

相手の妥協できないことを聞き出す質問

「相手に絶対心の内を明かさない」このようにかたくなになっている交渉相手に対してはどのような質問をすればいいのでしょうか？

こだわり（妥協できないこと）のポイントを見抜くには、親和欲求を揺さぶるような問いかけをすることにあります。

■身構えている人は意外ともろい

「交渉相手には絶対騙されないぞ」と身構えている人に対して妥協できない点を聞くためには、親和欲求を揺さぶるという手があります。親和欲求とは、他者と結びついていたいという欲求、仲間はずれになりたくないという欲求です。

たとえば、「私もあなたの主張は、まったく正しいと思っていますよ。でも、多くの人（または事実）はあなたのいっていることと逆のことを主張しているんですよね。とても不思議なことですね」

相手の行動や主張をいったん肯定しておいて、その目立っている点についての理由をたずねられると、なんだか自分が悪いことをしている気持になります。

そこで、すかさず「あなたのこだわりって（妥協できないところ）何ですか？」または「そうまでしてこだわっている理由（妥協できないところ）を教えてください」と質問を投げかけると、つい口を滑らせてしまいます。なぜなら悪目立ちをしたことに対するいい訳をしたくなる気持ちを相手に起こさせるからです。

相手の主張に疑問を投げかけるときは、自分の立場から物事を話してはダメだということをすでに書いていますが、この親和欲求による心理的な揺さぶりは、その1つになります。相手を疑ってかかっていたり、自分のことを過剰評価していたりする人、つまり自信過剰志向の人は、その一方で孤独にもろい一面を持っています。

だからこそ、仲間はずれにされるかもしれない、自分は悪目立ちし過ぎていると感じれば、親和欲求の心理的な揺さぶりが効果を発揮して、こちらの意見や質問にも耳を傾けてもらうことができます。

■自信喪失型志向の人は安心させよう

一方、常に悪目立ちをしていて自信がない自信喪失型志向の人にこちらの意見や質問に耳を傾けてもらう場合はどうすればよいのでしょうか？

逆に悪目立ちしていない、皆と一緒ですよと安心させる方法がよいでしょう。自信喪失型の人は親和欲求が満たされれば、本音を話してくれますし、こちらの意見や質問にも耳を傾けてくれるようになります。

このように質問の仕方は交渉相手の志向によって変化させて相手の本当に望んでいることを知ることが重要です。

相手の妥協できることを聞き出す質問

相手の要望しているものがよくわからなければ、自分の言葉でいい換えて確認をする質問を投げかけると、相手が思わず本音を漏らしてくれるときがあります。ここでは交渉相手のあいまいな言葉を明確にするノウハウを紹介します。

■質問であいまいな言葉を明確にする

交渉相手がいったことに対して、「あなたがいっていることとは、別のこれと似ていますか?」「あなたがいっていることは、つまり、こういうことになりますか?」と自分の言葉でいい換えると、その答えが肯定であっても否定であっても、相手は本音(妥協できること)を話してくれる可能性が高くなります。

なぜならば、それは相手が一番いいたいことだからです。いい換えのための質問は、自分の思いや要望をうまく伝えられない交渉相手に対して有効です。

たとえば、特に予算額を決めていないまま交渉状態に入るお客さんの中には、「自分の本当に求める商品やサービスであれば、予算はもうちょっとかかってもいい」と考える人は結構います。

ところが、自分の要望がうまく伝えられなくて、本当は商品やサービスの質について交渉したいのに、価格交渉に巻き込まれている場合も多いようです。

■いい換えでイメージを具体化する

たとえば、どこかいい宿はないかなと思って、旅行会社に電話したお客さんがいたとします。お客さんは旅館のことはよくわからないので「1泊2万円ぐらいで雰囲気のいい宿はありませんか？」といいました。

そこで旅行会社の人は予算が2万円以内の旅館を探そうとします。

ところが2万円以内の予算で見当たらないので探すのをやめてしまいました。

そしてお客さんに、「ご希望の予算では予約がいっぱいでないようです」といいました。

お客さんも諦めて商談は不成立になりました。

しかし、ここで旅行会社の人がお客さんの要望である雰囲気について「海が見える雰囲気のいい宿」「露天風呂から海の見える宿」など具体的に質問して要望を聞いていたらどうでしょうか？　そして「お客さんがいっている雰囲気ってこういうことですか？」と質問してお客さんの好みに合わせていったら、少々予算がオーバーしていても商談が成立する可能性はあります。

もし自分のいい換えが間違っていたとしても、交渉相手は真剣に自分のことを考えてくれていると感じて好意を持ってくれます。

そうすると別の選択肢を探ることもできるのです。

このように相手の真意を聞き出すいい換えの質問は、信頼強化につながることになり、問題解決へ向けて協力関係を築くためのきっかけになります。

オープンクエスチョンとクローズドクエスチョン

質問にはオープンクエスチョンとクローズドクエスチョンの2つがあります。

前者は主に関係を深めたり、言話を掘り下げたりするときに使います。後者は自分が何かを確認したいときに活用します。状況や用途に応じて使い分けることが肝心です。

■ストレスの多い質問と少ない質問

相手が考えていることを知るための質問の仕方には大きく分けて2つの質問様式があります。1つはオープンクエスチョン、もう1つはクローズドクエスチョンです。

オープンクエスチョンは相手に判断を委ねる質問のことです。相手がその気持ちのままに自由に答えられる質問です。

しかし、相手が話したくてしょうがないという場合には有効な質問様式ですが、あまり話したくないと思っている場合は、相手のストレスが高まる質問の仕方です。

たとえば、休日にマンションのセールスが来て、忙しいから早く帰ってくれないかなと思っているときに「ご主人は、どんなマンションがお好きですか？」と聞かれると、余計話す気持ちがなくなるような質問の仕方です。

一方、**クローズドクエスチョンは、質問した側が知りたい情報だけを得られる質問様式のことです。**「イエス」か「ノー」で答えられるので、交渉相手がなかなか真意を明らかにしてくれないとか、その案件についてはあまり話したがらないという場合に相手の意図を探るのに有効です。

前述の例と同じくマンションのセールスが、クローズドクエスチョンを使うと「ご主人はマンションのご購入は検討されていますか？」となります。

この質問には「イエス」か「ノー」のどちらかでしか答えられません。

■クローズドクエスチョンを活用する

オープンクエスチョンは一般的に話を深化させたいときに活用し、クローズドクエスチョンは、こちらが知りたい話を確認するときに活用します。

たとえば、オープンクエスチョンの場合は、「この価格にしたのはどんな基準があるんですか？」「この効果の測定数値はどこから引っ張ってきたものなんですか？」など相手の持っている情報や資料、データについてより深く知りたいときに活用します。

一方、クローズドクエスチョンの場合は、「今お使いになられているサービスは、私が見積もる限り〇〇〇円ぐらいだと思うのですが、今回も前回同様の予算をお考えになられていますか？」など相手がいいづらい予算枠を推測するときの質問として活用します。

このように聞かれると、「そんなところかな」「そこまでは出せないな」と「イエス」か「ノー」で応えざるを得ないので便利です。

聞きづらいことを聞くときはクローズドクエスチョンを活用するとそのものズバリは難しいですが、なんとなく推測できる返事を聞くことが可能です。

仮定質問でBATNAを見抜く

交渉相手に最も聞きにくい質問である「BATNA」。それを簡単に聞くことができる質問フレーズが仮定質問です。

交渉相手に関する事前情報が収集できていれば、この質問によって相手の意図を正確につかむことができます。

■もしも……だったらを活用する

「もしも～だったら～しますか?」「仮に～だったら～しますか?」「たとえば～だったら～しますか?」という仮定質問は、あくまでもそうなったら、という仮定の話であり、クローズドクエスチョンでもあるので、相手も心理的な負担を感じずにこちらの質問に答えてくれる可能性が高いといえます。

非常に自由度が高い質問フレーズなので、この質問では、一番聞き出しにくいBATNAについて聞いてみるのがよいでしょう。こちらが予測する交渉が破たんする条件をこの質問で大胆に聞いてみるのです。たとえば、次のような質問などがあります。

「あくまでも仮定の話として聞いてください。もしも、契約金額が100万円だったらこの交渉から降りますか？」

「仮にギャランティがゼロだったら、このまま取引を続けるのは困難ですか？」など、あくまでも仮定の話として最悪のパターンを予想して相手にお伺いを立ててみましょう。相手が質問の意図をいぶかしがっても、あくまでも仮定の話なので動揺することはありません。

しかしながら、この質問によって、相手が「イエス」と答えたとしても、残念ながらそれが100％確実にBATNAかどうかを確認するすべはありません。

しかし1つの目安になることは間違いありません。また、相手が交渉や取引をやめるといったときの心の準備をすることはできるので質問をする価値はあります。

■仮説の検証にも使える質問フレーズ

もちろん、この仮定質問はBATNAだけではなく、交渉相手の妥協できない点、妥協できる点についても引き出すことが可能です。ただし、クローズドクエスチョンなので、相手に答えを用意してもらうわけにはいきません。詳細な事前情報を確認するというときに仮定質問が初めて役に立ってくるのです。

相手のことが何もわかっていない状態で仮定質問をしても、相手から返ってくる答えはこちらの妄想に過ぎないので、交渉相手の事前情報をできるだけ収集して、相手が答えやすい的確な質問をつくることに注力しましょう。

相手の答えのウソを見抜く方法

交渉相手の発言のウソを見抜くには、論理的一貫性があるか、前後の発言で矛盾は見られないかなどが中心になります。

論理的に破たんしていないか調べるとともに声のトーンや話すリズムなどにも気を配ることが重要です。

■正確にメモを取る

きちんと質問をしても交渉相手がウソをついて答えていては元も子もありません。そこで交渉相手がウソをついていないかどうか確認する必要があります。

ウソをついているかいないかを発見するためには、メモを取って、相手の発言を正確に記

録することです。ウソをついているときは、だいたい答えの前後関係が矛盾していたり、論理的に一貫性がなくなったりしているときです。

論理的につじつまが合わなくなってきたりしたら、なぜそうなるのか、相手に質問することが肝心です。

今は、鳴りを潜めてしまいましたが、ほんの数年前までは実態のない「ウェブ2・0」の波に乗り遅れるなといわんばかりに、「ブログがはやっているから」という理由で社内SNSを立ち上げた企業がたくさんありました。

企業の担当者や中小企業経営者は難解な言葉をたたみ掛けられて、SNS導入のための効果測定も見ずに導入した経緯があります。こうした流行の波に乗って。交渉を有利に進めようとする相手に対しては、きちんとメモを取って、相手のいっていることを整理しておくことが大切です。

最低限、「交渉の目的」は何か、「導入の効果」は何か、「効果の裏付け」となるものは何かということがきちんと論理的に展開されているのかどうかということをメモで判断する必要があります。

■話している声にも注目する

メモによって交渉相手が論理的な破たんや一貫性に問題がないか確認することでウソを見抜く方法以外に、もう1つ相手のウソを見抜く方法があります。それは、声に注目をすることです。

たとえば、交渉相手の声が同じ調子だったのに、急に甲高くなったり、うわずったりして修正するとき。そしてそれまでゆっくりだった話のリズムが急に早くなるときには、相手はウソをついている可能性が大きいといわれています。

ただし、気をつけていただきたいのは、声の調子が変わったり、話のリズムが崩れたり、声が震えたりしたからといって、相手がウソをいっているかというと必ずしもいい切れないところがあります。

まずメモによって論理破たんや一貫性に問題がないか確認したのち、どうしても話の調子やリズムがおかしくて気になるところがあれば、単なる身体的に調子が悪いのか、そうではないのかを具体的に確認してから判断する必要があります。

第8章

交渉力を磨いて問題解決力を養う

「人を見たら泥棒と思え」という理論は正しいか

典型的なコンセンサス社会である日本は、会社などの共同体以外の人間に対する目が厳しく、「人を見たら泥棒と思え」という言葉もあるほどです。

しかし、ビジネスの枠組みが変化した現在、果たしてその言葉は正しいのでしょうか？

■関係重視型交渉を行っていた昔の日本

『アメリカ人の交渉術〜日本式とどこが違うか〜』（J・R・グラハム、サノ・ヨシヒロ著／窪田耕一訳／東洋経済新報社刊／1987年）には、当時の日本のビジネスがいかに関係重視型で交渉が進められていたかが詳しく書かれています。

たとえば、同書の中に出てくる1980年の日本の製品輸入促進協会（現・対日貿易投資交流促進協会）のパンフレットの抜粋には、日本の商習慣について次のような記載があります。

「日本では、売り手は、価格、引き渡し条件、特別仕様、その他通常の取引条件についてはもちろんのこと、これら以外の点についてもできるだけ買い手の希望に合わせるようにしなければならない。日本の多くの企業は契約で取り決めた以上のことをするのが現実である」

今では考えられませんが、以前の日本ではこのような特権が買い手に与えられていた背景には、買い手は、売り手の希望を考慮し、利益をきちんと残し、その立場を悪用しないということが暗黙の了解だったからだといいます。

その了解があるからこそ、交渉では相手との人間関係を築くことに重きが置かれ、購入価格や納品日といったものが後回しでもよかったわけです。だからこそ交渉はあくまでも形式的なものでよかったのです。

■競争社会だからこそ、協力したほうがいい

しかし、現在は違います。終身雇用制が崩壊し、規制緩和が進み、弱肉強食の自由競争の

社会になりました。

以前のように人間関係を重視しても、買い手が売り手に利益を残してくれる保証はどこにもありません。むしろ自分の身を積極的に守らないとひどい目に遭う可能性が高いのです。

そうした競争社会で注目を集めたのが、アメリカの典型的な交渉術でもある利益争奪型交渉です。

利益争奪型交渉は、自分の利益を最大化するための交渉スタイルです。そして、自分が利益争奪型交渉を行えば、相手も利益争奪型交渉を行う可能性があります。うまく行くときはよいのですが、失敗したら人間関係が破たんするため、ビジネスを継続することが不可能になる可能性もあります。


とはいえ、社会の多様化や経営効率のスピード化によって自社内でもコンセンサス形成が難しくなる中で、従来の関係重視型交渉にこだわっていたのでは、ビジネスチャンスを失います。

こうして、最近注目されてきたのが、自分の利益はきちんと主張するが、それと人間関係は別として考える問題解決型交渉なのです。

問題解決型を身につけなければ生き残れない

さまざまな国の人との交渉を行ううえでは、問題解決型交渉を身につけなければ、他国の交渉セオリーに影響を受けて、交渉が不調に終わることもあります。

お互いに問題解決をしたいのであれば、そのための交渉を行う必要があります。

■グローバル化する日本で必要な交渉術とは

非正規社員が約4割を占めるようになって、やっと日本社会も働き方や生き方の多様性が認められるようになってきました。多様な価値観が尊重されるグローバル社会では、ますます問題解決型が交渉の大半を占める可能性があります。

異なる文化を持っている交渉相手と交渉を行うためには、それぞれの立場に固執するのではなく、相手のニーズは一体何か、そして相手のニーズの背景は何か、という相手の利害に的を絞ることが大切です。相手の求めるものと相手の思考回路が理解できたときに交渉はスムーズに展開します。しかし、利害関係に目をつぶり、相手の立場に固執していたら交渉を前に進めることはできないのです。

■アメリカ人はどんな交渉を望むか？

たとえば、アメリカ人は利益争奪型交渉を行う可能性が高いといわれています。交渉の冒頭で極端な要求をして、相手を脅し、交渉相手に二者択一を迫ることというのは当たり前ですし、ときに悪質なケースもみられます。

自分に提供される情報に関してはウソ偽りのない情報を望むことが多く、情報の信ぴょう性が感じられなければ、交渉を打ち切るという性格も持っています。

また、交渉ですべてを決定するという傾向があり、1つずつ争点を挙げて、論理的に議論をしかけて、相手がこちらの要求を受け入れるように説得を行うのが得意です。妥協は最後までするることはなく、万が一、妥協をする可能性があってもそれは消極的なものだといわれています。

アメリカ人と交渉する際に、彼らの強硬的な交渉のやり方を非難していたらいつまで経っても交渉はうまくいかないでしょう。何より相手のペースに乗せられてしまいます。

交渉の際には彼らの交渉スタイルにこだわるのではなく、彼らのニーズや利益、そして彼らの立場や価値観やアイデンティティに目を向けたほうがまったく別なところからのアプローチが可能になるかもしれませんし、彼らのディベートにいちいち付き合わなくても済むかもしれないのです。

これは何もアメリカ人に限ったことではないと思います。日本人の中にもアメリカ人的な交渉を進めてくる人はたくさんいます。

多様化する価値観の社会では、問題解決型交渉を身につけることがこれからの世の中をうまく生きていく秘訣でもあるのです。

合理的に他人を判断する術を身につける

問題解決型交渉で話し合いを行うには、感情で交渉相手を判断するのではなく、合理的かつ客観的に、理性で人を判断する技術を見つけましょう。判断力を磨くことが交渉における損失を最小限に抑えることにつながります。

■交渉が長けている人は危険察知能力が高い

一般的に対人交渉術に長けている人は、危険察知能力が高いといわれています。これはどういうことかというと、「あの人は絶対に裏切らない」と信じて盲信するのではなく、「あの人はこういう考え方もするし、状況が変わったらまったく逆の判断もするかもしれない」と考えるということです。

たとえば、「女性に逃げられた」もしくは「女性から突然別れを告げられた」という男性に話を聞いてみると、なぜそのような仕打ちをされるのか理由がよくわからないという話を聞きます。恋愛問題に交渉という概念を入れるのは不謹慎かもしれませんが、これも1つの危険察知能力に関わる問題だと思います。

その女性の価値観やアイデンティティ、置かれている状況などから類推すると、たとえば、仕事などで放って置かれているなどの状況があれば、その女性がどういう判断を下すかある程度予測はできるはずです。

しかし、「僕はあの人に愛されているから大丈夫だ」「恋人が裏切るはずはない」「家族だから安心だ」と信じ切っていれば、想定外のことが起こらないとも限りません。もちろん恋愛における人間関係において相手を信じることは大切ですが盲信はいけません。

モテる男性の場合は、相手に対する観察力が優れています。想定外の問題が起こる前に、さまざまな作戦を用意しています。

たとえばサプライズで花を贈ったり、何かプレゼントをしたり、たまにじっくり話を聞いてあげたりします。これは普段からの危険察知能力の賜物でしょう。

■当人の評価は柔軟に変えていく

では、対人交渉術における危険察知能力を高めるためには、一体どうすればよいのでしょうか？　1つには、これから交渉しようとする相手に対する評価を1つに固定しないということです。状況や事情が変化すれば、自分のその人に対する評価を柔軟に変える必要があるということです。

つまり、**先入観や思い込みを持って相手を見続けていては、自分の危険察知能力が弱まって自分も痛い目に遭うということなのです。危険な目に遭わないようにするには、それを事前に察知してあらかじめ手を打っておく必要があるのです。**

交渉力が高まればピンチに強くなる

交渉に臨んでピンチを迎えるのは、自分の立場が相手の立場に対して圧倒的に弱いときです。こうしたピンチを回避するためには、事前にきちんと交渉の計画を立てておくべきでしょう。

■交渉における準備不足が恐怖感をあおる

交渉力が高まれば、ピンチにも強くなります。

たとえば、クレーム交渉など自分が相手に対して弱い立場で、利益争奪型交渉を行ってくる相手に恐怖を感じるのは、人間関係を大切にしようという気持ちが交渉の前に先立って起こるからです。

「自分の目の前にいる人は、ものすごく怒り狂っている。この場から逃げたいが、なんとかお客さんに納得してもらって事を収めなければならない」

と思っていれば、生殺与奪《せいさつよだつ》は相手にあり、自分にはどうすることもできません。逃げ場がないと思えば、誰だって恐怖を感じます。

しかも、なんとか平謝りで事を収めたとしても、会社にとって非常に不利な条件で収めたために、今度は自分が会社から責められることになっては最悪です。

このようなピンチを乗り切るためには、きちんと計画を立てて交渉に臨むべきでしょう。きちんと「利害リスト」をつくり、「落しどころ」を考え、こちらの提案で合意にいたらなかった場合の「オプション」を用意し、絶対に譲れない線を越えたらどういう対処法「BATNA」を取るかを上司ときちんと話し合って事前に決めておけば、怖いものは意外となくなるものなのです。

■立場が弱いときこそ綿密な計画を立てよう

下請けなどの弱い立場で、強い立場の元請けと交渉する場合も同様です。

無為無策で交渉に臨めば、相手のペースに乗せられて、ずるずると譲歩を迫られ、不本意な契約を結ばざるを得なくなります。

しかし、最初から計画を立てて臨めば、そのような目に遭わなくて済みます。

前述したように昔からの商習慣で買い手の都合に合わせるという行動様式が私たち日本人に染みついているため、何も計画せずに行くと相手の言いなりになってしまいます。

もちろん、計画を立てたからといって、法外な報酬を要求できるかというとそういうことではありません。適正な報酬を得るためにきちんと交渉の計画は立てたほうがよいでしょう。

情報処理能力を高める

交渉を有利に進めるためには、事前の準備がかなり大きなウエイトを占めることになります。事前の準備の中でも交渉に関する情報を収集して分析する能力は重要です。

交渉力を身につけるためには、情報処理能力が高める必要があます。

■情報収集能力を高くする

交渉力を上げるためには、情報収集能力を上げる必要があります。なぜなら「交渉を有利に進める」という最終目標から逆算して、情報を収集するからです。このため役に立たない情報と役に立つ情報の選別を行う情報の取捨選択をする情報処理能力が向上していきます。

たとえば、ある会社の担当者に新サービスの事業提案書を提出するケースを考えてみましょう。このときその担当者が何を「考察」「選択」「行動」するのかということを予測しながら情報を収集していきます。

担当者に新サービスの事業提案書を持っていったところ、とりあえず通るかどうかはわからないが社内稟議に通す体裁を整えようということになったとしましょう。そのときに相手が必要としている社内稟議用のプレゼン資料が自分の手もとにあれば、事業提案書が通る確率は確実に上がります。

このように相手の行動や考えを予測し、そこから逆算して相手が望む資料を集めると行動にムダが生じることがありません。

■情報分析能力を向上させる

交渉力をつけるためには、情報分析能力を高める必要があります。たとえば、ある会社に飛び込みで営業交渉をするケースを考えてみましょう。

営業交渉を成功させるためには、事前にさまざまな情報をチェックします。

Ｗｅｂサイトから会社の規模や事業内容、強み、市場占有率、競合他社、主要ターゲット層、企業理念、ポリシー、社長の考え、商品サービスなどを調べて、自社の商品、サービスがターゲット企業のどの部分に食い込むことができるのかを総合的に分析します。

総合的に分析を行うことができれば、どういう形で仕事を取ることができるかという交渉戦略を立てることが可能です。

ちまたにある情報を分析して、交渉戦略にまで落とし込むことができるのです。

情報を相手にうまく伝える

交渉においては相手にうまく情報を伝えることが重要です。特に自分にとっての不利な情報は、どの段階でどのように伝えるのかは非常に重要な問題です。

しかし、不利な情報を一転してこちらのメリットに転化するワザがあります。

■不利な話をするときには先に話す

人は悪い話を先にされるのと、後にされるのとでは相手のイメージは大きく違います。

先にいわれる場合は、自分に注意喚起をしてくれたということで、相手に対して悪いイメージよりもよいイメージを抱きがちです。

一方、悪い話を後にされるのでは、「ウソがバレなければいいという考えだったのではないか」とか「騙そうとしているのではないか」と悪いイメージがつきまといます。

ですので、**交渉の際には、悪い話は相手が気づく前にこちらから事前にディスクローズ（情報開示）をします。これを心理学では「接種理論」といいます。事前に悪い情報を伝えておけば、相手に疑念が湧かないというものです。**

情報過多な現在はデメリットとなる情報を先に開示することでうまくいっているところもあります。タイミングや規模にもよると思いますが、悪い情報をうまく流すのもできる交渉人の資質といえるでしょう。

■相手の批判はこう切り返す

交渉相手がこちらの提案のデメリットの部分だけを取り上げて、こちらに高圧的に主張してきたらどうやって切り返せばよいのでしょうか？

たとえば、「このサービスを導入する必要は、現時点ではありませんね」と自分の顧客がいってきた場合は、逆説的に切り返すことに注力します。

「誰もがサービスの導入を必要ないというからこそ、検討の価値があると思います」「あなたがそう思っているからこそ、導入すべきだと思います」と切り返すのです。この話法がなぜ相手に対して有効なのかというと、相手はあなたのことを否定していますが、あなたは相手の立場を肯定して、認めてあげているからこそ、好意を抱いてくれるのです。

自分の価値を上げることも考える

　買い手に対して売り手、元請けに対して下請けなど弱い立場はいつまでも弱い立場にあると考えられがちです。しかし、一定の条件がクリアできれば、弱い立場にいる人も交渉において強い立場に逆転することができるのです。

■供給を制限して有位に立つ

　自分の価値を高めて交渉を有利に進める方法もあります。たとえば、ゲーム理論における供給量を制限して売り手市場にし、買い手に対して優位に立つというのがそれです。

　たとえば、スロヴェニアとの国境にあるイタリアの小さな町には、世界のセレブを顧客に持つプロシュート（生ハム）工房があります。ここは年間の供給量を1500本と決めているため、購入までになんと2～3年待たされるといいます。それでも世界中からお客さんが集まってくるのです。

　この生ハム工房のように、年間の供給量を制限することで、売り手としての自分の価値が高まれば、交渉をする前から買い手に対して強い立場に立つことができ、交渉も有利になります。

■社会的証明という価値の高め方

　自分の価値を高めて交渉の優位に立つというのは、供給制限だけではなくさまざまな要因が考えられると思います。１つには評判というのもあると思います。

「○○の雑誌に取り上げられた」「○○のテレビで取材された」「○○などの有名人に推薦されている」などというものは評判の１つの指標だと思います。メディアなどで頻繁に取り上げられることによって、自分の地位が高まったり、影響力が高まったりします。

　この背景には、人間の多くは日和見主義者で、相手が何をやっているのかということを見て、それに倣う傾向があるからです。

　メディアへの露出度が高まれば高まるほど、人は影響力があると感じるようになるので、自分の影響力を増大させていくことができるのです。

おわりに

「働き方改革」によって、多様な価値観や多様な生き方が肯定される時代になりました。しかし、ほんの数十年前までは、私たちの多くはフルタイムの正社員で同じような価値観を持ち、同じような生き方をしていた人がほとんどだったのです。

ある一定の年齢になれば、同じような価値観を持っている人がほとんどでしたので、「常識」という伝家の宝刀を出せば、交渉もうまくまとまり、誰もが従っていた時代でもありました。

しかし、今やさまざまな価値観を持つことが当たり前の世の中です。このような世の中では、まったく異なる価値観を持っている人や、生き方がまったく違う人と、同じ目標を見ながら、コミュニケーションを取り、行動をしていかなければなりません。

このような時代にあって、交渉術は非常に役に立つのです。交渉とは本書で述べているように、単なるコミュニケーションの方法ではありません。人間関係を利害関係で捉え直し、冷静にこちらの主張と相手の主張の妥協点を探っていく方法です。

人間の脳にはさまざまな感情を感じる部位があります。私たちの行動のほとんどは、利益や損失に結びつく感情によって、支配されているという研究もあります。生きながらえるための餌を取るために、自分にどれだけの利益があるか、損失があるかということを常に脳の中で考えているのです。

その中でも、損失については脳が過剰に反応することがわかっています。場合によっては実際の痛みと同じように反応することがわかっているのです。

交渉術とは、この脳の機能である人間関係を利害関係に置き換えて考えるノウハウなのです。人間関係を利害関係に置き換えることで、人間関係をコントロールしたり、よりよい方向に向けることができるのです。

本書を読むことで、人間関係に苦労をしている人たちが少しでも問題を解消し、幸福な人間関係を築くことができれば、著者としてこれほどの喜びはありません。

伏見　豊

参考文献

・『ハーバード流交渉術』（フィッシャー&ユーリー著、金山宣夫、浅井和子訳／三笠書房）
・『新ハーバード流交渉術』（ロジャーフィッシャー&ダニエルシャピロ著、印南一路訳／講談社）
・『英語ネゴシエーションの基本スキル』（フィリップ・ディーン、ケビン・レイノルズ著／朝日出版社）
・『ビジネス交渉と意思決定』（印南一路著／日本経済新聞社）
・『交渉テクニックを学べ!!』（ディビット・オリバー著／ディスカヴァー・トゥエンティワン）
・『ディベートの基本がよくわかる説得・交渉の教科書』（山中允著／明日香出版社）
・『MBA流交渉術の基本』（手塚宏之著／中経出版）
・『アメリカ人の交渉術』（J・Rグラハム、サノ・ヨシヒロ著、窪田耕一訳／東洋経済新聞社）
・『300人のユダヤ人にYESと言わせた技術』（マーク富岡著／サンマーク出版）
・『負けない交渉術』（大橋弘昌著／ダイヤモンド社）
・『交渉の論理力』（八代英輝著／日本文芸社）
・『弁護士が教える気弱なあなたの交渉術』（谷原誠著／日本実業出版社）
・『人を動かす交渉術』（荘司雅彦著／平凡社）

・「図解雑学ゲーム理論」（渡辺隆裕著／ナツメ社）
・『じゃんけんはパーを出せ！』（若菜力人著／フォレスト出版）
・『ゲーム理論トレーニング』（逢沢明著／かんき出版）
・『なぜ人は詐欺師にダマされるのか』（内藤誼人著／KKベストセラーズ）
・『図解パワープレイで相手を操る最強の心理術』（内藤誼人監修／イースト・プレス）
・『スヌープ！　あの人の心ののぞき方』（サム・ゴズリング著、篠森ゆりこ訳／講談社）
・『「できる人」の話し方、その見逃せない法則』（ケビン・ホーガン著、五十嵐哲訳／PHP研究所）
・『影響力の武器』（ロバート・B・チャルディーニ著、社会行動研究会訳／誠信書房）
・『経済は感情で動く』（マッテオ・モッテルリーニ著、泉典子訳／紀伊国屋書店）
・『元銀行融資担当が教える資金繰り　借りる技術、返す技術』（小堺桂悦郎／フォレスト出版）
・『口説きの鉄則』（草加大介／幻冬舎）
・『苦情学』（関根眞一／恒文社）
・『NYPD No．1ネゴシエーター最強の交渉術』（ドミニク・J・ミシーノ、ジム・デフェリス著、木下真裕子訳／フォレスト出版）

・『図解ヤクザの必勝心理術』（向谷匡史著／イースト・プレス）
・『「声」の秘密』（アン・カープ著、梶山あゆみ訳／草思社）
・『こうすれば家賃・テナント料は必ず下がる！』（佐藤幸平著／中央経済社）
・『法人営業のすべてがわかる本』（高城幸司著／日本能率協会マネジメントセンター）
・『プロカウンセラーの聞く技術』（東山紘久著／創元社）
・『「キツイひと言」を逆手にとる営業術』（朝倉千恵子著／成美堂出版）
・『即効トークで3倍速く売るプロの販売』（橋本和恵著／日本実業出版社）
・『外交』（H・ニコルソン著、斎藤眞、深谷満雄訳／東京大学出版会）
・『「武装解除」』（伊勢崎賢治著／講談社）
・『NY流 魅せる「外見」のルール』（日野江都子著／秀和システム）

伏見豊（ふしみ・ゆたか）

1973年東京都生まれ。明治大学政治経済学部政治学科卒。新聞配達員、衆議院議員秘書を経て、マスコミ業界に入る。議員秘書時代に政治家からクレーマーまでさまざまなタイプの人間との交渉を経験する。その後、交渉能力を生かし編集プロダクションのライターとして青春出版社発行「月刊BIGtomorrow」で執筆。その経験と人脈を元に2005年ビジネス系のフリーランスライターとして独立する。並行して、ベストセラービジネス作家、藤井孝一主宰の週末起業フォーラム専属ライターなどをこなす。現在は、活動領域を雑誌から書籍にシフトさせており、主にビジネス書籍を中心に代筆業を行っている。

「交渉」が最強の武器である

2024年3月19日　初版発行

著　者　伏見豊
発行者　野村直克
発行所　総合法令出版株式会社
〒103-0001 東京都中央区日本橋小伝馬町15-18
EDGE小伝馬町ビル9階
電話　03-5623-5121
印刷・製本　中央精版印刷株式会社

落丁・乱丁本はお取替えいたします。

ISBN 978-4-86280-940-7
総合法令出版ホームページ　http://www.horei.com/